尽善尽美　　弗求弗迪

手把手教你管好10人以下小团队

邓振怀 著

电子工业出版社
Publishing House of Electronics Industry
北京·BEIJING

内容简介

本书从新晋管理者如何在岗位中站稳脚跟讲起，通过分析人和事两个方面，并结合相应的管理工具、工作场景展开论述，以期帮助读者成为优秀的小团队管理者。本书不但能让读者对管理产生系统的认识，而且可以帮助读者提升管理实操能力。

本书通俗易懂、案例和工具丰富、实用性强，特别适合新晋管理者阅读，也适合具备一定经验的管理者学习。另外，本书还可作为企业内部的培训教材。

未经许可，不得以任何方式复制或抄袭本书之部分或全部内容。
版权所有，侵权必究。

图书在版编目（CIP）数据

手把手教你管好10人以下小团队 / 邓振怀著.
北京：电子工业出版社，2024.8. -- ISBN 978-7-121-48174-1

Ⅰ. F272.9-49
中国国家版本馆CIP数据核字第2024F33W51号

责任编辑：王陶然
印　　刷：唐山富达印务有限公司
装　　订：唐山富达印务有限公司
出版发行：电子工业出版社
　　　　　北京市海淀区万寿路173信箱　　邮编：100036
开　　本：880×1230　1/32　印张：8.75　字数：180千字
版　　次：2024年8月第1版
印　　次：2024年11月第2次印刷
定　　价：58.00元

凡所购买电子工业出版社图书有缺损问题，请向购买书店调换。若书店售缺，请与本社发行部联系，联系及邮购电话：（010）88254888，88258888。

质量投诉请发邮件至zlts@phei.com.cn，盗版侵权举报请发邮件至dbqq@phei.com.cn。

本书咨询联系方式：（010）68161512，meidipub@phei.com.cn。

前言

小团队管理的前景

小团队管理是一个老生常谈的话题，但时代的快速变化赋予了小团队管理新的内涵和场景，让小团队管理变得更常见、更关键、更有趣。

每个人职位晋升的关键一步就是成为一位管理者，如果把职业生涯比作马拉松，那么只有成为一位管理者才算真正加入了比赛。走好这关键的一步，养成良好的管理习惯，能够为未来的职业生涯打下坚实的基础。

在现在这个充满不确定性和多变的时代，规模化的、集约化的大团队管理变得僵化和难以适应，而小团队管理将成为未来的主流。许多规模化的大企业都在拆分自己的大团队，改为由多职能人员组成小团队，利用小团队的灵活性应对变化，如海尔的"人单合一"和华为的"三人组"。这将成为未来管理的新态势，也就是说，小团队管理将成为常态。

"如何对年轻人进行管理"一直是企业的一大难题，从"80后"开始，到现在以"95后""00后"为代表的"Z世代"。如何吸引、管理、激励年轻人？如何获得年轻人的认同？如何让团队年轻化？通过小团队管理让组织变得有趣，是一种很好的解决办法。

小团队管理不仅变得常见，更变得极具挑战性。把小团队管理得有效、有趣，能够提高组织、团队、个人的竞争力。

笔者的管理体会

在十多年的管理、创业生涯中，笔者始终在思考两个问题：管理如何才能有效？如何达成目标？为此，笔者看了很多书、上了很多课，在自己的团队中不断地应用、尝试各种方法。这些方法有的有效，有的无效；有的要看场景，有的要看人，有的要看时间。整理下来，笔者有以下几点管理体会。

首先，尊重规律，走正路。管理的核心在于实践，要因地制宜。这句话经常被误读，成为"经验高于理论"派的理由。但其实管理是有底层逻辑、有科学的方法论的。纯粹的经验只能一时有效，却是不系统的，最终还要补齐短板。就像做菜，有菜谱不看，凭经验，淡了加盐、咸了加水，这就是走弯路，整体效率很低，浪费了太多的时间和资源。

其次，管理基于人性，要相信人心向善。不管是制度的制定，还是激励措施的实施，最终都会面临"谁先信任对方"的问题。是管理者先信任员工，还是员工应该理所当然地信任管理者？彼得·德鲁克说过："管理的本质是激发人的善意。"在未来的管理中，管理者只有信任员工，才能激发员工的善意。基于信任，管理者要认识到员工不是机器，因此有必要通过调节紧张的工作节奏，影响员工的状态和成果。

再次，管理是不能打折扣的。虽然对很多研发型、高科技企业来说，可以通过制定OKR（目标与关键结果）的方式，去挑战更大的目标，但是对大部分小团队来说，那些小的目标、计划、任务也是需要达成的，是不能打折扣的。管理必须遵循一套严格的流程：事前可以商量，事中严格执行，事后客观复盘。

最后，组织应该是流动的。组织应保持"略微难受"的离职率，引进"略微难管"的新人，建立内部的人才流动机制，加强与外部的连接，保持敏感度。只是一潭死水，没有进出，没有晋升、降级，这样的组织一定会被淘汰。

本书的特色

本书的主角是销售部经理小明，从他晋升为管理者开始，以他在工作过程中面临的内外部的具体问题和场景为线索，将小团队管理涉及的方方面面串联起来，包括理论基础、解决问题的方法和工具等。在这个过程中，小明一步步成熟起来，成为一位优秀的管理者。

书中不仅包含一些常见的案例和工具，而且以年轻人为假设管理对象，提供了一系列新的管理方法，力求从岗位设计、激励机制等方面，将工作变得有效、有趣。

同时，本书从支持团队、研发团队、生产团队、销售团队、创业团队、社群六大场景出发，分别分析了小团队管理的具体应用方法和关键点。

本书的内容

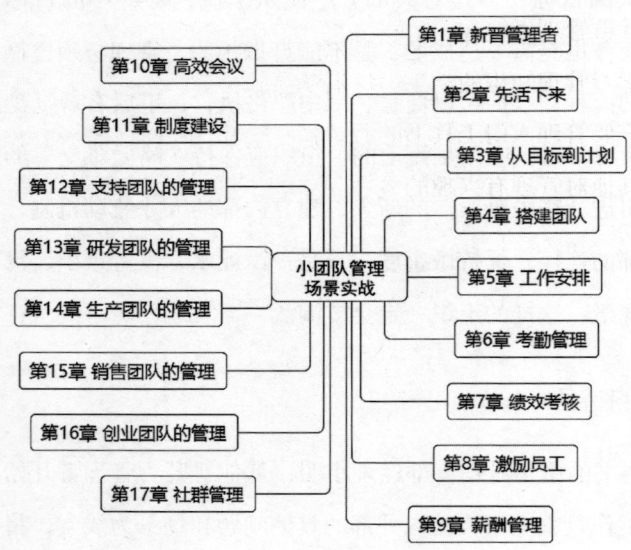

笔者介绍

北京大学汇丰商学院 EMBA，国家高级人力资源管理师。大学毕业后进入一家近万人的企业从事人力资源管理工作，担任过人力资源经理、培训经理等职务。自 2011 年起至今，有十余年的连续创业经历和丰富的团队管理经验。

本书的读者对象

新晋管理者；

有意愿成为管理者的职场人；

有丰富的团队管理经验但经验不够系统的管理者；

中小企业的高管、老板；

社群管理者；

学习管理知识的学生、培训学员；

需要管理入门工具书的人员；

其他对管理有兴趣的人员。

目 录

第 1 章　新晋管理者 / 001

1.1　我是管理者：坐上那把椅子 / 001

1.1.1　照镜子：我是管理者 / 001

1.1.2　坐上去：成为管理者 / 004

1.1.3　亮个相：新官上任三把火 / 006

1.2　老好人做不好管理 / 007

1.2.1　这件事不归我管，为什么还是被批评呢 / 007

1.2.2　捧杀和棒杀哪个更危险 / 008

1.2.3　管理者错了，改不改、怎么改 / 010

1.3　时间管理 / 012

1.3.1　为什么我不关注事情就没有进展：反馈是重要且紧急的事情 / 014

1.3.2　时间过得太快了：建立对时间的感觉 / 016

1.3.3　精力不足：忙到心累，怎么办 / 019

第 2 章　先活下来 / 022

2.1　做团队的英雄 / 022

2.2　运用专业管成果 / 024

2.3　以身作则 / 029

2.3.1　"我来"：上前线 / 029

2.3.2 "我的"：承担责任 / 030
2.3.3 打上"我们"的标签 / 030
2.4 当好救火队员 / 031
2.4.1 十万火急，直接上手 / 032
2.4.2 救火也是播种：教导＋一起动手做 / 032

第3章 从目标到计划 / 034

3.1 拟定目标 / 035
3.1.1 目标从哪里来 / 036
3.1.2 什么是好目标 / 038
3.1.3 如何拟定目标 / 040

3.2 制订计划 / 043
3.2.1 到事：将目标拆成任务 / 044
3.2.2 到人：自上而下，人人有责 / 047

3.3 用指标控制过程 / 051
3.3.1 到年底才知道目标完不成，想调整来不及了，怎么办 / 051
3.3.2 绩效指标拟定法：QQTC模型和SMART原则 / 053

第4章 搭建团队 / 055

4.1 规划组织 / 055
4.1.1 团队构成 / 056
4.1.2 找到搭档：总觉得孤掌难鸣怎么办 / 064

4.2 组建团队 / 066

 4.2.1 选：是一张白纸还是即插即用 / 066

 4.2.2 育：边做边教 / 072

 4.2.3 留：核心骨干 / 074

 4.2.4 减：果断下手 / 077

4.3 用团队活动凝聚团队 / 079

 4.3.1 团队建设：周末想休息，不想参与团队建设，不搞活动行不行 / 080

 4.3.2 团队建设的三种类型 / 081

 4.3.3 "战役"：同事关系挺好，合作也顺畅，不用搞这种形式主义的活动了吧 / 083

 4.3.4 "战役"操作手册 / 085

第 5 章 工作安排 / 086

5.1 安排工作 / 086

 5.1.1 工作管理的好工具：PDCA / 087

 5.1.2 如何交代工作 / 089

 5.1.3 建立汇报和监督机制 / 090

 5.1.4 标准化：把经常执行的工作固化下来 / 092

5.2 交叉工作 / 093

 5.2.1 部门内部交叉工作的安排 / 093

 5.2.2 跨部门的协作 / 094

5.3 复盘：做好总结是前进的阶梯 / 095

 5.3.1 只有完成复盘，事情才画上句号 / 095

5.3.2　复盘四步骤 / 097
　　5.3.3　复盘的精髓：如果回到过去，会怎么做 / 098

第6章　考勤管理 / 100

6.1　考勤是合规性的问题 / 100
　　6.1.1　公司规定的底线：一份合规的考勤制度 / 100
　　6.1.2　有的地方实在做不到怎么办 / 101
6.2　考勤是管理的问题 / 102
　　6.2.1　打卡：有人经常迟到怎么处理 / 102
　　6.2.2　请假：与工作冲突批不批 / 103
　　6.2.3　加班：真的可以没有加班吗 / 104
6.3　考勤是企业文化的问题 / 105

第7章　绩效考核 / 107

7.1　考核什么 / 107
　　7.1.1　考核营收就是KPI / 107
　　7.1.2　绩效指标的来源及拟定 / 111
　　7.1.3　贴近时代的KPI考核小技巧 / 112
7.2　绩效考核与人的关系 / 114
　　7.2.1　是不是所有人都需要考核 / 114
　　7.2.2　要不要和工资相关联 / 115
　　7.2.3　如何平衡绩效考核与人际关系 / 115

7.3 绩效面谈 / 117

    7.3.1 绩效面谈的准备工作 / 118

    7.3.2 绩效面谈的七个步骤：聚焦成果和成长 / 120

第 8 章 激励员工 / 127

8.1 现在：明确奖惩 / 127

    8.1.1 奖惩的均衡点：是再多一点儿奖还是再多一点儿惩 / 128

    8.1.2 有效激励：如何让人心花怒放、动力十足 / 131

    8.1.3 奖惩的尺度：是管得严一点儿还是管得松一点儿 / 135

8.2 未来：职业发展的希望 / 138

    8.2.1 工作是最大的激励：让职业发展路径和每个岗位更有吸引力 / 138

    8.2.2 执行：为什么员工不关心自己的职业发展路径 / 144

8.3 即时反馈：好玩又有效 / 146

    8.3.1 即时反馈：发了那么多奖金，为什么比不上人家的一句表扬 / 146

    8.3.2 有趣的反馈：游戏化带来巅峰的工作体验 / 150

第 9 章 薪酬管理 / 154

9.1 如何定薪 / 154

    9.1.1 薪酬策略：比别的公司是高还是低 / 155

    9.1.2 定薪：每个人该给多少薪酬 / 157

    9.1.3 薪酬要不要公开 / 160

9.2 薪酬结构设计 / 161

  9.2.1 薪酬结构：固定部分和变动部分的比例 / 162

  9.2.2 宽带薪酬：超出现有薪酬体系的候选人，怎么招进来 / 164

  9.2.3 是年薪制还是月薪制、周薪制 / 167

9.3 如何调薪 / 170

  9.3.1 年度薪酬复盘：要不要普涨薪酬 / 170

  9.3.2 如何加薪和降薪 / 172

  9.3.3 调薪周期：多久调一次薪 / 176

第 10 章 高效会议 / 178

10.1 亚马逊高效会议法 / 180

  10.1.1 少开会：减少信息传递的会议，增加一对一面谈 / 181

  10.1.2 会议设计 / 181

  10.1.3 会中管理 / 186

  10.1.4 会后延续 / 189

10.2 线上会议怎么开 / 190

  10.2.1 整点后 15 分钟召开 / 192

  10.2.2 开会 / 193

  10.2.3 会议落地 / 193

第 11 章 制度建设 / 195

11.1 明确职责 / 198

11.1.1 部门职责划分 / 199

11.1.2 岗位职责说明 / 201

11.2 顺畅的流程 / 205

11.2.1 如何拟定顺畅的流程 / 206

11.2.2 流程的优化 / 213

11.3 制度的执行 / 214

11.3.1 如何拟定制度 / 214

11.3.2 执行制度：培训、考核各种手段齐上阵 / 215

11.3.3 制度数字化 / 217

第 12 章 支持团队的管理 / 218

12.1 稳定顺畅：时间管理 + 工作安排 + 绩效考核 + 制度建设 / 220

12.2 如何避免掉入"新式官僚"的陷阱 / 221

12.3 创造价值：向外走，朝着客户的方向 / 223

第 13 章 研发团队的管理 / 224

13.1 项目：管理好项目是研发的根本 / 225

13.2 人员：如何对技术人员进行管理 / 228

13.3 知识沉淀：每一步都是未来的基石 / 230

第 14 章 生产团队的管理 / 233

14.1 细节：从计划到现场 / 235

14.2 执行："傻瓜式"的标准化 / 239

14.3 成果：向上管理 / 240

第 15 章 销售团队的管理 / 242

15.1 目标：内容和形式、过程和结果、整体和部分 / 242

15.2 团队：优胜劣汰机制 / 245

15.3 被人追随的领导力 / 246

第 16 章 创业团队的管理 / 249

16.1 建设团队 / 251

16.2 打造最小可行性产品 / 253

16.3 与外部关联：客户、供应商、同行、投资人等 / 254

第 17 章 社群管理 / 256

17.1 方法：像经营公司一样 / 257

17.2 运营：活跃度是关键 / 259

17.3 社群变现 / 261

第1章　新晋管理者

小明连续两年被评为销售冠军，近期已晋升为销售部经理。晋升当晚，在祝贺、期许声中，小明发表了讲话，结束了晚宴。回到家里，小明站在镜子前，看着自己，有些兴奋和迷茫。

● 1.1　我是管理者：坐上那把椅子

作为新晋管理者，第一个考验来自自己：有没有准备好成为一位管理者？此时，很多人会忐忑，甚至会怀疑自己，并且不知所措。

怎么办？

答案很简单：坐到管理者的椅子上。

1.1.1　照镜子：我是管理者

1. 管理线和专业线最大的不同：与外部世界的连接

做员工的时候，可以只关注自己的任务，不用关心其他人做得怎么样，也不用管最终的成果。随着能力的增长，处理的问题越来越专业，此时作为专业线的专家，会以自己为基点，让其他人为自己服务。对员工和专家来说，其工作的关键都是自己：自己的能力、自己的工作完成情况。

而作为管理者，其工作的关键在于外部世界。管理者的基点是团队而不是自己，其发展方向是团队的目标，实现目标的方式是借助他人的能力、资源。所以，有时候也说管理者的核心在于影响力——对外部世界的影响力。

作为新晋管理者，应该站在镜子前，问问自己：有没有做好与外部世界连接的准备？有没有把自己融合为团队的一部分？是不是在面对自我与外部世界的挣扎时选择外部世界？

管理者是没有自我的，而领导者表现出浓烈的自我。

要先学会管理再去领导。

2. 选择成为管理者是一种直面竞争的行为

现有管理学有一个基础：一个团队一个头。这造就了一个个金字塔结构，而所有小金字塔叠加成一个大金字塔，这就是公司的组织结构。每个金字塔都是一个团队，顶端是管理者。从这个角度来说，公司的组织结构就像一座山，而选择成为管理者就代表了主动向上攀登。

就像登山一样，在一步步向上晋升的过程中，管理者会面临超越别人的情况，也会面临被别人超越的情况。而个人的职业发展路径和登山又不同，因为一个萝卜一个坑，超越意味着替换。

所以，管理者本身是自带竞争"基因"的。而在管理的过程中，更需要管理者带领团队，通过竞争取得最终的成果。

作为新晋管理者，应该站在镜子前，问问自己：能不能接受自己的收获可能是别人所拥有的这一事实？有没有做好准备与人竞争？是不是虽在意成败但不会因此而停下脚步？有没有掌握竞争的技巧？

3. 管理者最大的挑战是变化，最大的能力要求是学习能力

如果在一成不变的环境中，是不需要管理者的，因为一切都有确定的流程、规范、惯例保证运转。在未来，不变的甚至可以用机器替代。而管理者一直是应对变化的关键所在。

市场在波动、政策在调整、技术在进步，原材料供应价格起起伏伏，团队成员进进出出……外部的大环境时好时坏，企业就是在这样不断变化的环境中经营的。直面这些变化，并且让企业、团队能够在变化中发展的是管理者，而管理者也是金字塔塔尖的职责承担者。

变化意味着原有的方法失效了，面对新的问题需要寻找新的方法来解决，这就要求管理者具备极强的学习能力。这种学习能力的核心在于广度而不是深度，也就是说能够快速地对某方面的知识有所了解，同时能够进行初步应用的能力。而要想进一步掌握这种能力，则需要专业人员的支持。这里的核心是快速和准确。

作为新晋管理者，应该站在镜子前，问问自己：是不是能够接受永远处理新的问题？是不是能够接受不断地学习新的知识和技能？是不是能够适应不断变化的工作环境？

最后，问问自己：是不是喜欢管理的工作？

1.1.2 坐上去：成为管理者

小明来到办公室，看着那把经理的办公椅，慢慢走过去，坐下来，抬起头，看着埋头工作的下属，心定了许多。

1. 正式：坐上那把椅子

员工和管理者在行为表现上有一点不同：员工的非正式行为多过正式行为，而管理者相反。新晋管理者要掌握一点：增加正式行为，减少非正式行为。比如沟通，大部分员工会通过私下谈话的方式来沟通，而管理者的沟通方式则有很多，如开会、一对一、信函等。

这是为什么呢？因为管理者代表的是组织、团队、领头人。新晋管理者的第一个正式行为应该是：自信满满地走进办公室，稳稳地坐到管理者的椅子上。

坐上去，看看自己的团队，体会一下，理解其中代表的责任和权力。跟自己说一声：我的团队，我去带领。

2. 开个会

新晋管理者应该通过开会这个仪式向团队宣告自己的身份。会议开成什么样，影响很大。作为新晋管理者，在开会时有几个方向的选择：不出错，点大方向、大原则，树立鲜明的风格。

（1）不出错。中规中矩地讲一下，表明自己的身份。这适合特别熟悉或特别不熟悉团队的管理者。

（2）点大方向、大原则。在前一点的基础上，增加方向性的内容，如"今年是'效率年'，因此要……"，或者讲一些大原则，如"我做事比较认真""对我来说细节很重要"。这是大多数管理者采用的开会方式。

（3）树立鲜明的风格。这里分为两种方法：一是个人领导风格的强烈展示，如疾风骤雨式的行动派或直接式的授权派；二是工作上强有力的推动，如对计划的时间点、成本核算等的重视。采用这种开会方式的管理者比较有使命感，或者本身的行事风格强烈。

一般我们选择点大方向、大原则，点到为止，以便树立起管理者的形象，同时为后续的工作做好铺垫。

这场会议怎么开？有很多种方法，如借助日常总结会议或专项沟通会议召开，这里举一个例子——新晋管理者了解情况会议。

- 自我介绍，包括姓名、工作经历、自己擅长的方面。如果想表现亲和力，可以再加一些兴趣爱好。
- 让下属依次进行自我介绍，包括姓名、主要负责的工作、目前正开展的主要工作、主要联系的人员和部门。
- 在下属介绍的过程中，要一边记笔记，一边仔细观察，还要适当询问。
- 简要说明一下工作的大方向或自己的工作原则，没有方向可以直接说原则，然后说明自己接下来会视工作需要找大家了解情况。

1.1.3 亮个相：新官上任三把火

小明坐在自己的座位上，思考这一周的工作情况，感觉自己和团队成员还没有融为一体。自己安排的工作看似有所推进，但经不起深究。虽然团队成员看上去对自己笑脸相迎，但仍缺乏深入的交流。怎么办？

这是新晋管理者能否坐稳位置的关键。通过开展项目，新晋管理者正式亮相，展示自己的能力和风格，同时调整团队的状态。

烧什么火？有三个原则。

（1）找关键点，从小入手。

（2）顺势而为，借力打力。

（3）周期要短，见效要快。

具体的项目可以来自五个方向。

（1）正在进行的工作。

（2）全公司正在推进的工作。

（3）被点名表扬或批评的工作。

（4）员工主动提出来的工作。

（5）自己擅长的工作。

亮相是最后的目的，因此在选择项目的时候，不可纠缠于问题的解决——这可以在后续的工作中持续展开。这是"借假修真"，借的是事，修的是团队。

1.2 老好人做不好管理

新晋管理者"坐上那把椅子"成为管理者之后,紧接着面临的问题就是:是"做个老好人"还是"做个好的管理者"?

这个问题是有答案的,不管是理论还是经验,都告诉我们"老好人做不好管理"!

1.2.1 这件事不归我管,为什么还是被批评呢

经过一段时间的努力,小明的管理工作慢慢顺畅了。今天是周一早上,需要参加管理者周会。作为销售部经理的小明,因为生产计划的事情,被领导批评了。小明想不通,这件事不归我管,为什么还是被批评呢?

新晋管理者的第一声质疑,往往不是来自下属,也不是来自直接领导,而是来自跨部门领导。而直接领导哪怕站出来维护自己,也会在私下批评自己。为什么呢?

这背后包含两个层面的问题:如何理解管理者的职责?管理视角有什么不同?

1. 如何理解管理者的职责

我们常说的管理者的职责有两种:一种是对自己团队的成果负责,另一种是通过团队成员产出成果。这两种说法都对,也不都对。这两种说法都非常清晰地表达了管理者的基本职责,所以

是对的；但这两种说法太局限于自己团队的职责，所以又不都对——这就导致出现"这件事不归我管，为什么还是被批评"的问题。

明晰管理者的职责，能够知道自己的工作边界。但只知道职责，局限于职责，叫"新式官僚"（后面会详细介绍）。对于管理者的职责的理解需要"管理视角"。

2. 管理视角有什么不同

管理视角不是成为管理者才有的视角，而是从更高的角度来思考问题。

站在管理视角，生产计划和销售是产销链条上下游的关系：生产计划受销售的业绩预估和实际销售额的影响，而销售又被生产计划确定的成本、售价、产能所影响。

上级希望销售部经理和生产计划部经理都能站高一层来思考，让生产计划更贴近实际销售需求，让生产计划和销售的价值最大化。而这一点正是上级在做的。

管理者需要有担当，这种担当始于职责，但关键在于管理视角。这就要求管理者应站高一层，更全面、更系统地思考问题。管理者的担当是行动，通过行动表达意愿，这不仅是对事，更是对人。

1.2.2 捧杀和棒杀哪个更危险

小明坐在办公室里，下属过来汇报工作，态度毕恭毕敬。

临走时，这位下属对小明说："明经理，您太英明了，上次就是您的英明指导，让这件事取得了这么大的成果。今天您的话让我茅塞顿开，相信很快就能打开新的局面了。明经理，方便的话，希望以后能多给我一些机会，让我跟您学习。"

小明听了，内心很平静，觉得本来就是这样的，要不是自己及时给予指导，那他的工作将毫无进展。

这时，另一位下属没敲门就冲进了办公室，大声说道："明经理，您的方案没办法落地，建议您多去一线跑跑，了解了解情况。上次您给的意见，让我们走了冤枉路，不仅多花了钱，更慢了，而且效果不好。请您收回刚才的意见。"

下属说完就走了，小明很生气，脸都憋红了："一定要给你好看！"

下属对管理者的态度有三种：普普通通、使劲捧、挑刺。重点在于后两者的应对方式。

1. 使劲捧

就像小明的第一个下属，没有原则，只会阿谀奉承，觉得只要自己把领导捧开心了，就能得到好的绩效。应该如何应对这样的下属呢？

首先，奉承领导是人之常情，坦然处之，别较真儿。

其次，针对事讨论，追问事的细节，分辨事的真伪。

最后，适当敲打这种行为，不让其成为主流。

2. 挑刺

被挑刺很没面子,尤其是对管理者来说,甚至会有人在全体会议上挑刺。应该如何应对这样的下属呢?是打压还是置之不理?

首先,团队里一定要有不一样的声音,哪怕是"一言堂",也需要一个私下给你提醒的声音。管理者代表的不是完人,而是更具学习能力的人,被挑刺是学习的机会。

其次,多倾听,不急于决策,可以放一放,让团队共同探讨这个"刺",缓解紧张的氛围,将讨论的焦点拉回到解决问题上。

不管是"捧"还是"棒",背后都是人性。如果一味地想做老好人,就会迷失在"捧"里,又会在"棒"中狼狈而逃。这背后需要一颗强大的心,盯住目标,提升专业能力,用"克制"来要求自己。

1.2.3 管理者错了,改不改、怎么改

经过一番了解,小明发现上次给自己挑刺的下属说得对,自己其实有的地方做得不对,导致工作延误了。这应该怎么处理呢?

错了,一定要改。但是,是否认错、怎么改,要讲方法。

1. 是否认错

管理者犯错,一般来说要考虑其对团队形象的负面影响、对

个人影响力的负面影响。现在时代变了，有错就要认，但依然需要考虑时机问题。影响时机的主要有两个方面：自己对团队的影响力、事情的进展。

首先，如果对团队的影响力很强，则可以当众说明、郑重道歉；如果对团队的影响力很弱，说了也不会有人关注，那策略是暂时不说，重点是要有改的行动。

其次，从事情的进展来讲，如果还有足够的时间，而且不是关键阶段，则可以说一说，如果已经是关键阶段，而且时间非常紧迫，这时候重要的是一起战斗，而不是认错。

2. 怎么改

管理者态度上的"改错"可以树立榜样，而只有真正的行动上的"改错"才能解决问题。

首先，有错就改，不要有领导面子的执念，把事情做成才是最重要的。

其次，总结自己为什么会错，可以私下找相关人员单独聊一聊，找到问题的根源。

再次，多听、多去一线，只有这样才能让自己的思考更深入、更贴合实际，同时能让自己得到新的想法，保持一个开放的心态。

最后，坚持自己所坚持的底线、原则，管理者从来都不是"浮萍"。

1.3 时间管理

管理者的时间是团队最大的资源，但管理者又非常容易陷入烦琐的事务中。

管理者是没有空余时间的，一旦停下来，就会被其他人和事填满。哪怕在日程里不安排任何一项工作，管理者也是忙碌的。

所以，管理者在管理自己的时间时，有三种心态要不得。

（1）忙完这阵儿就可以专心处理了。

（2）上班没时间，那就加班。

（3）我都忙成这样了，没有成绩不能怪我了吧？！

这三种心态背后都是一个原因：将自己的时间交给别人管理，同时把责任推给了别人。第一种是拖——事情是不可能忙完的，第二种是笨——不想动脑子就只能用体力，第三种是躲——找到一个在员工层面无可反驳、在管理层面苍白的借口。解决办法也只有一个：主动管理自己的时间，无时无刻去管理。

经典的时间管理法是"四象限时间管理法"，这是进入职场的入门课程，如图1.1所示。

可以按照重要—不重要、紧急—不紧急将事情归为四个类别。

象限Ⅰ：重要且紧急的事情。比如，停电不能生产。

象限Ⅱ：重要但不紧急的事情。比如，计划、方案、培训。

象限Ⅲ：不重要但紧急的事情。比如，可以不用参加的会议。

象限Ⅳ：不重要且不紧急的事情。比如，无关的邮件、通知。

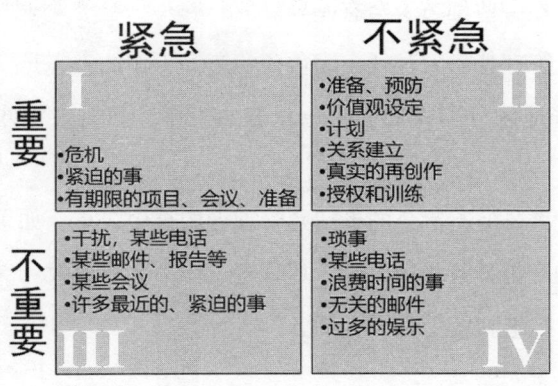

图1.1 四象限时间管理法

在时间管理中，多做重要但不紧急的事情，逐步减少重要且紧急的事情，选择性地做不重要但紧急的事情，不做不重要且不紧急的事情。重要但不紧急的事情做得多了，重要且紧急的事情就会减少。就像上半年没有完成的销售目标，会让下半年的销售工作变得紧急起来。

在实践过程中，要特别注意三点。

（1）必须抉择并分类，而不是将事情全都归为重要且紧急的事情，不区分就无法做到时间管理。

（2）有些事情是不重要的，但是长期不做可能转变为重要的事情，所以要辨别着做。

（3）拒绝做那些不重要且不紧急的事情，不要做老好人。

对管理者来说，"四象限时间管理法"的运用大原则没有变化，但是在一些细节上会有差异。

（1）管理者每天都处于满负荷状态，工作的常态是"紧急"，需要更好地区分同样处于紧急状态的工作，只有这样才能掌控时间。

（2）重要但不紧急的事情是管理者的重中之重，如果区分不好这样的事情并且投入时间，那管理工作不会有成效。

（3）拒绝和接受一样重要。

1.3.1　为什么我不关注事情就没有进展：反馈是重要且紧急的事情

这是一个常见的问题，大部分公司都有，大部分管理者都需要面对。

首先，问题的答案是肯定的——自己不关注事情就没有进展。不要在这个阶段寄希望于下属自动自发、理所当然地达成目标——因为这是管理者的价值所在。

其次，"关注什么""关注到什么程度"很重要，这背后是管理者的时间分配问题。应该把时间分配到与目标有关、与职责有关、与整体战略有关、与客户有关的方面，与这四个方面关联越紧密就要花费越多的时间，越不紧密就要花费越少的时间。

再次，也是最重要的——怎么关注？反馈！即时反馈！定期安排时间反馈!

管理者需要进行大量的反馈,如审核下属拿过来的文件、安排下属的工作等。在实际工作排序中,反馈经常被忽视,或者被放在最后的位置。事实上,反馈是管理者进行时间管理的诀窍,用好反馈,事半功倍,所以应该将反馈放在重要且紧急的位置。反馈一方面代表了管理者对事情的关注和重视,另一方面可以帮助管理者进行目标纠偏。

反馈分为以下几种。

(1)能即时回复结果的。比如,下属过来请示某件事情,自己能够现场解决的,直接给回复。

(2)能即时安排工作的。比如,一项工作的推进遇到了困难,下属过来请求帮忙,管理者需要做的是安排人员、协调资源,如安排 A 加入项目组等。这类安排花费的时间较少,而且能够保证事情照常运转,应该马上处理。

(3)现在没有时间处理的。比如,年度计划的审核需要大段的时间。这时候的反馈包括两个方面:一方面告诉下属现在自己没有时间,但是估计在什么时间可以给予回复;另一方面可以安排下属在什么时间询问一下自己的进度,也可以设置一个共享日程。

(4)直接安排工作的。比如,安排下属制订生产计划,这时候应该要求下属在什么时间回复,如未回复会给予什么样的处理。

（5）定期安排工作的。比如，总结会议、绩效面谈。

最后，如何管理反馈呢？除总结会议、绩效面谈外，还要专门针对反馈进行时间管理。比如，每天下班前20分钟，专门用来反馈。鉴于现在变动较多，可以每过25分钟安排一次5分钟的反馈时间——这就是番茄工作法，它是一种很好的管理时间的工具。

实用工具：番茄工作法

（1）以30分钟为一个番茄时间，包括25分钟的专注工作时间和5分钟的休息及其他工作时间。

（2）把这5分钟用来处理即时反馈。

（3）每半天留一个番茄时间专门用来反馈，最好是每个半天结束的时间点。

（4）在每天的工作计划中，把工作内容和花费多少番茄时间结合起来。

（5）把反馈所需的时间纳入每日的工作计划中。

（6）定期总结，优化计划、番茄时间的个数、反馈的节奏。

1.3.2 时间过得太快了：建立对时间的感觉

任正非的一天：大概6点起床；8点到9点是精神最好的时段，就来公司改文件；9点以后一般参加会议，因为此时的精神还比较好；下午的精神会差一点儿，就找一些人来开座谈会，听听大家的反馈；晚上吃完饭以后散步，散步之后洗澡，洗完澡看邮件、回邮件；然后上网看新闻，有时候玩玩手机，大约1点开始睡觉；有时候晚上睡不着，就又上上网。

比尔·盖茨的一天：6点起床；8点参加人工智能技术报告；9点和泰拉能源公司开会；10点半是微软董事会，中午留半小时吃午餐、和巴菲特打电话；12点半开卫生会议，接下来还要接受记者采访、去实验室……

当我们看到成功者的时间表时，总会说"比我们优秀的人还比我们勤奋"，其实这不完全正确。勤奋只是一部分原因，更深层的是建立对时间的感觉，调节与时间相处的节奏。

踏入管理之路，也就意味着需要建立这样的感觉。管理者的工作繁多，但为了达到更高的绩效，还要创造性地发现问题、解决问题。在这种场景下，单纯地、有意识地控制时间会越来越捉襟见肘。因此，这时候要开始建立对时间的感觉，通过肌肉记忆、直觉调节与时间相处的节奏——越是高阶管理者，这项能力越重要。

如何建立对时间的感觉呢？

记录时间！并且不断地总结、优化，坚持长期做。

实用工具：时间记录法

该记录法来自艾力老师的"36枚金币时间管理法"，核心要点包括以下几个方面。

（1）一周一张表，半小时一格，每天在睡觉前花5分钟的时间完成记录即可。

(2)记录全天的安排,包括零零碎碎的杂事。

(3)根据自己的评价和感觉将事项分成五类,并标上对应的颜色:蓝色,尽兴娱乐;绿色,休息放松;橙色,强迫工作;黄色,高效工作;红色,拖延。

(4)每个月总结一次,看看哪类颜色居多,做出对应的改变。

时间记录法示例如表1.1所示。

表1.1 时间记录法示例

时间	周一	周二	周三	周四	周五	周六	周日
6:00—6:30	起床,运动						
6:30—7:00							
7:00—7:30							
7:30—8:00	吃早餐,上班						
8:00—8:30							
8:30—9:00	回复邮件,制订计划						
9:00—9:30	早会						
9:30—10:00	与销售部经理开会,解决大客户的销售问题						
10:00—10:30							
10:30—11:00	沟通处理紧急事项						
11:00—11:30	拟定销售话术 SOP						
11:30—12:00							
12:00—12:30	与生产部经理吃午餐,沟通生产交货情况						
12:30—13:00							

续表

时间	周一	周二	周三	周四	周五	周六	周日
13:00—13:30	休息						
13:30—14:00	参加营销渠道投放会议						
14:00—14:30							
14:30—15:00							
……							

1.3.3 精力不足：忙到心累，怎么办

管理是被高度需要、高责任的岗位，在这个岗位上不对自己进行管理很容易被透支。做好轻重缓急分配、做好即时反馈、通过番茄工作法管理工作的节奏、建立对时间的感觉之后，还会面临一个问题：工作依然忙不完，每天忙忙碌碌，忙到心累，怎么办？

为什么有的人每天都精力充沛，看不到疲惫懈怠的状态？是不是自己先天就不具备如此强大的能力，所以不适合如此忙碌、如此大能量消耗的管理岗位？

以上问题涉及时间管理中更深入的一个话题：精力管理。并不是别人的精力更充沛、心力更强，只是他更善于管理自己的精力。

精力包括体能、情感、思维和意志。

体能是平常所说的精力，包括呼吸、饮食、睡眠、运动。呼

吸主要用来控制身体的节奏，如"三三六"呼吸法：花三秒吸气，再屏气三秒，最后用六秒把气慢慢呼出，做八组。此呼吸法可以逐步升级为"四四七"呼吸法。饮食的核心在于减少糖的摄入，少吃多餐，保持营养均衡，多喝水。睡眠的要点是睡够7～8小时，早睡早起。运动要保持每周三次以上的频次，并保持有氧和无氧的结合。

情感是心累的主要因素，可以通过两个方面来调整：首先，调动积极的情感，保持耐心、开放、信任和喜悦；其次，积极的情感是可以积累的，通过独处、陪伴家人、与朋友交流、参加活动、做自己喜欢的事情等方式积累。

思维是精力管理的一把刀，可以通过四个方面来调整：首先，保持乐观、开放的学习心态；其次，通过切换不同的思维方式提升创造力；再次，专注是一种能力，要保持专注、提升效率；最后，保证大脑的周期性休息。思维的提升主要依靠不断地总结、思考，以突破自己的边界。

意志在大多数时候是最后被考验的。意志源于个人的价值观和目标，与个人的品质、勇气有关。提升意志力和锻炼体能是一样的，核心在于突破舒适区，在每一次极其难受的时刻，坚持都会带来突破，而每一次突破都是一次提升。

实用工具：精力管理

精力管理遵循三个步骤：明确目标、正视现实、付诸行动。

（1）明确目标：选择自己热爱的事情，从中找到自己的人生目标，拟定行动蓝图。

（2）正视现实：诚实地评估、反省自己的精力消耗，接受自己的缺点，保持开阔的胸怀。

（3）付诸行动：形成新的习惯和程序、原则，坚持30～60天，不断精进。

第 2 章 先活下来

小明的销售能力特别强，连续两年是团队的业绩第一，最近被提拔为销售部经理。上任之后，许多人告诉小明：管理者要借别人的手来实现目标。于是，他把时间放在团队建设、人员培养上，把自己原来跟进的客户分给了团队成员。然而，因为在持续半年的团队营收比拼中落败，且团队业绩在年底排名中垫底，所以到了年底，团队成员没有奖金，而小明也因此被认定为不合格，降级为业务员，小明的自信心遭受重大打击。

如何在晋升之后活下来？如何通过考核，站稳管理岗位？都说管理者是通过他人来实现目标的。这句话有两个层面的含义：一是管理者的任务是实现目标；二是通过他人来实现。这也是管理者成长的两步，目前解决第一步的问题：实现目标。

● 2.1 做团队的英雄

要想回答"如何活下来"的问题，应该回到自己的长处——专业能力上。所以，这里需要接受一个专项管理者的过渡观念：

做团队的英雄。让团队成为英雄是未来，现在管理者要做的是发挥自己的专业能力，下地干活，产出成果，做团队的英雄。

具备自驱力、担当、克制力三大素质，并不意味着能够获得管理岗位。90%的人因为原来的工作成果出色而获得晋升，如销售冠军被提拔为销售部经理，这也造成了"管理者边管理边学习管理技能"的事实状况。

这里，我们从"专业能力"入手，谈一谈如何提升管理能力。

1. 专业是管理者的底气

管理者因为专业能力强而获得晋升，这是立身之本。很多管理者在上任之初畏首畏尾，对下属的工作无法判断，向上级汇报工作也底气不足。这是认识问题。要想解决这个问题，应该回到原点：自己是因为什么而获得晋升的？比如，销售能力、执行能力、技术能力强等。所以，晋升之后，应该从自己擅长的地方出发，以此为底气，去沟通、汇报、协调、分析、判断、决策。

2. 保持专业，而不是抛弃专业

本章开篇的例子在很多公司中都有，结果是公司和个人双输。到底是什么原因呢？主要是因为小明的转型节奏太快。

一般从专业人员转型到管理者需要半年到一年时间，在这期间，前半段和后半段工作的重点是相反的。比如，小明采取的措施更适用于后半段，而在前半段应该"保持专业，而不是抛弃专业"。

3. 需要用专业赢得时间

为什么有这样的差异？

首先，自己的转型、团队的磨合都需要时间，而公司对自己和团队的评价是客观的，这两者相互矛盾，所以需要用自己的专业赢得时间。

其次，公司不是期望你保持现状，而是期望你能够有更好的增长。这种预期导致公司对失败的容忍度非常低，进而强化了管理者严格的生存环境。

最后，新晋管理者面临的第一个问题是团队信任问题。当你第一次坐在管理者的位置，与团队成员开会时，大家都是抱着审视的态度看你的。如何破冰，建立信任呢？最好的方法是为团队贡献价值！而你的专业能力就是价值的最大保障。

什么是专业？

2.2 运用专业管成果

管理者的角度与原来冲锋陷阵的员工角度还是有差异的。要想做团队的英雄，就不要怕自己产成果，也要学会运用自己的专业管成果。这里不仅需要重新认识"专业"，更要学会看到真成果、真事实。

小明和小强是同事，他们接受了同样的培训，考核成绩也相差不大。两年后,小明成为部门经理。小强不服气,领导跟他说:"虽然你和小明在专业知识上差不多,但是小明通过钻研、实践,在这两年改善了生产工艺,提高了生产效率。你在这两年虽然也有贡献,但是太专注于高质量,而忽视了公司确定的'扩大生产、保证质量'的策略。"

小明和小强在专业知识上相差不大,这也是平常所说的"专业"。但其实掌握知识并不是专业,掌握技能也不是,只有能产出成果才是真正的专业。作为专业的管理者,如何做到"伸手能做、坐下能辨、开口到点"呢?

"伸手能做"是管理者的常态,而且大部分基础的管理者都不仅要做管理,还要亲自做一些业务。对于亲自做的业务,管理者会去管理和控制;对于自己没有做的,或者由下属具体执行的业务,管理者应如何运用自己的专业去管理呢?怎么做到"坐下能辨、开口到点"呢?

这就要求管理者在专业能力的基础上,能够辨别什么是真成果、什么是真事实。

1. 辨成果:什么才是真成果

只有能产出成果才是真正的专业,就像小明和小强的不同结果,根源在于是否能产出成果。那么,如何定义"成果"呢?如何定义"能产出成果的专业"呢?

首先,成果是显而易见的。所有不能完全确定的、不那么明显的都不能称为成果。比如，小明对生产工艺的改善，使单位产品的产量翻番。再如，完成了某份文件、某个标准，但就是没有办法落地，或者没有带来什么大的改变。前者就是显而易见的成果，后者不是成果。

其次，成果能给外部带来价值，并获得确定的评价。比如，销售的成果来自客户的评价，生产的成果来自销售等内部部门的评价，个人的成果来自其他人的评价。不被外部接受的成果是闭门造车，不能交易，没有商业价值。

最后，成果与目标相关，而不是孤立存在的。从公司的角度来看，与公司不相关的成果，是一种资源浪费。而与目标相关的成果，能够给目标的达成带来极大的助力。

2. 明是非：如何找到真事实

作为管理者，每天面临庞杂的信息，而自己又远离现场，那该如何辨别信息的真伪？一件事没有做到，下属分析的原因是否可信？在做决策时，有什么方法能够让管理者的专业落地？

首先，越贴近事实的信息越有价值，管理者一定要有贴近事实、实事求是的习惯。在表述的过程中，有时候我们会错把观点当作事实。比如，"他好高啊"，这就是一个观点，事实的表述应该是"他高1.83米，比团队成员最少高了5厘米"。事实才是管理者要抓取的关键。观点与事实差异对比表如表2.1所示。

表 2.1　观点与事实差异对比表

观点	事实
• 这项工作成果显著； • 客户质量不行	• 这项工作提前一个月完成，且产品合格率提升了 30%； • 9 月新增客户数与 8 月持平，A 类客户数只有 8 月的一半，成交单数也只有 8 月的一半

其次，用 5W2H 的方法问，重点关注事实和下属做了什么。5W2H 就是"人事时地物"，再加上"为什么""做到什么程度"。这里尤其要注意两点：一是所做的回答应该到事实层面；二是最好问三个"为什么"——只有这样才能贴近事实。举个销售的例子。

背景：业务员持续两个月销售目标达成率不到 50%，管理者找到业务员进行访谈。

管理者：这两个月的客户跟进情况怎么样（What）？

业务员：老客户现在都在观望，新客户下单很少，没有多少订单。

管理者：哪个区域的问题最严重（Where）？

业务员：××区很明显。

管理者：我记得那边最大的客户是老王（Who）。他的生意还不错啊，怎么也没有下单？

业务员：之前老王订过一批库存货物，他说现在还没有销售完。

管理者：什么时候订的库存货物（When）？多久了？当时订

了多少（How much）？

业务员：有三个月了，当时订了100万元的货物。

管理者：这个量跟平时也差不多啊，有没有跟老王沟通是哪方面出了问题，为什么出问题（Why）？

业务员：老王说最近市场不好，销售得慢。

管理者：老李做得不错啊，说明市场应该还可以。你最近去老王那边多不多？

业务员：这个月就去了一次，市场不好就去得少了。

管理者：为什么不多跑几趟（Why）？

业务员：想开发新客户。

管理者：这两件事应该不冲突吧？为什么不两件事一起做（Why）？

业务员：9月大部分的时间都花在开发新客户上，开发了10名新客户，以前每个月最多开发5名，现在谈得还不错，下个月会有2人下单，所以没有时间维护老客户。

管理者：虽然新客户开发成效不错，但是老客户也要维护。看起来你这边主要是时间管理的问题，你打算怎么调整（How）？

业务员：是的，我也感觉自己的时间管理有问题。接下来我打算从工作目标开始梳理，然后分割一下时间。

管理者：我们一起重新梳理一下，制订一份工作计划。

2.3 以身作则

通过专业来保障团队目标的达成、给团队成长的时间之后，迎面而来的就是大部分管理者的痛苦：团队管理。在群里说话没人回复？不知道事情的进展怎么样？每个人的心思和意愿各不相同？

怎么办？

这个阶段的团队管理只需要用一种办法：以身作则。其优点有两个：一是很快就能学会；二是作为启动团队的第一动力非常有效。

以身作则包括三条准则：我来、我的、我们。

2.3.1 "我来"：上前线

小明召开部门会议，安排国庆值班，因为可以调休，所以大家都还是蛮积极的，1、2、5、6和7日马上排好了，只有3、4日这两天还空着。在会议室里，大家都低着头不吭声，小明刚好也安排了国庆假期跟家人出去旅游，怎么办？

如果你是小明会怎么办？在不同的条件下、不同的场景中，可能有不同的答案。但作为管理者，其实大概率的选择是"我来"——甚至可以说是唯一的选择。

为什么是"我"？因为你是管理者，这是管理者的职责。管理者享受团队发展最大的红利，同样需要承担团队发展最大的责任。而在开始阶段，管理者要以身作则，作为团队的初始能量，推动团队这辆战车启动、前进。

"我来"是一种身先士卒的态度，更是一种领导力展现的行动。一定要喊出来。

2.3.2 "我的"：承担责任

"我来"是一种担当的态度，"我的"则是一种行动。只有"我来"是空口号，只有"我的"效率太低。"我的"要求管理者由己及人，承担管理责任。

首先，管好"我"。不做与目标相反的事，不游离在制度规定之外，不要高高在上。保持对目标的行动力，多关注人和事。要求团队成员按时上班，自己应该早到；加班加点赶项目的时候，要和团队成员在一起；对于自己的错误，要敢于承认。

其次，承担管理责任。"我的"包括团队的方方面面，如人、事、财、物、时间、信息等。看到团队成员情绪低落，就去鼓励一下；项目遇到困难，就找资源来支持；时间来不及了，就和团队成员撸起袖子一起干。做成了，成果与大家分享；失败了，承担主要的管理责任。

2.3.3 打上"我们"的标签

以身作则不仅要做，而且要说，话都是从"我们……"展开的。

首先，不断强调，给团队打上"我们"的标签。这一点很重要，在团队内部一定要强调这一点。在与团队成员沟通时，最忌讳的词汇是"你""你们"。

其次，说的和做的一致。说了什么，自己就做什么；做了什么，就在团队内部分享自己做的经验、感受。

最后，看到不良现象、行为，一定要指出来。小的可以私下沟通，大的一定要当众说明。比如，大家都在为目标努力，但个别人不仅不做事，还要求分更多的奖金，这时候管理者一定要立场坚定、说明清楚、指出问题。

2.4 当好救火队员

小明的团队在攻克一位大客户，一旦成交，团队整年的目标就达成了。经过三个月的准备和洽谈，各项工作都做好了，就等一周后竞标。今天团队突然收到一条消息，客户的项目负责人因为身体原因辞职，之前团队没有和新任负责人打过交道，而且新任负责人对项目提出了新的要求。这时候，下属第一时间向小明汇报了这一情况。小明应该怎么办？

要不要救火？肯定要救，而且这是管理者的责任。

救火肯定不是常态，而且会给上级和下属都留下不好的印象。上级会觉得你做不好管理工作，每天忙忙碌碌，没有全局的概念，能力不行；下属会觉得你专权，耽误自己的成长。

救火是每个管理者必然面临的局面，此时不应该回避，而是应该正确看待。管理者应该找到方法，让救火变得有价值，让危机越来越少。

2.4.1 十万火急，直接上手

管理者应该怎样救火？

首先，召集团队，主持会议，稳定军心。遇到十万火急的情况，往往败于乱，而不是真的没做好。因此，管理者要在第一时间出现，同时拿到主导权，稳定军心。

其次，了解情况，专业分析，给予支持。管理者是团队的专业人士，经历过种种情况，不管是公共洽谈还是技术演示，都具备最好的能力。同时，管理者可以通过调动资源来支持，以解决问题。

最后，统筹协调，合理分工，良好配合。有时候需要管理者冲到一线去救火，有时候需要管理者站在幕后，在安排好之后做一些辅助的工作，甚至不用做什么。这都是正常的。主导权不代表一定在一线战斗，而是需要管理者根据团队成员的专业能力进行统筹、调配。

2.4.2 救火也是播种：教导+一起动手做

救火不仅能解决危机，更是培养人、锻炼人的好机会。救火如打仗，打过仗的团队像被炼过一次的钢。只是在这个过程中，需要注意以下几点。

首先，救火过程只说"怎么做"，然后带着下属做——手把手带。管理者应该和下属一起动手做，并在做的过程中指出其哪里需要改善。在紧急情况下，人的专注力会极大地提升，学习效果也非常显著。同时，只谈"怎么做"，避免了"为什么这么做"的纠结。

其次，救火但不算账，核心是围绕解决问题展开，找到团队中的关键人。项目的负责人、让这把火烧起来的人、有潜力的人，都是管理者在这个过程中重点关注的对象。这个人有没有担当、有没有潜力、有没有学习能力，在救火过程中一目了然。

再次，救火是对工作流程、标准、方式、习惯的检验，能暴露出一些问题，管理者应该关注、记录。

最后，事后再复盘。在事情解决之后，要进行深入的总结和分析，从这件事开始到发生重大危机再到紧急处理的整个过程，包括人和事等方面都要复盘。

第3章 从目标到计划

在传统的管理方法中，管理是从目标开始，再搭建团队的。进入21世纪之后，越来越多的管理学家提倡"先人后事"，吉姆·柯林斯在《从优秀到卓越》中明确提出"先人后事"，近几年风靡全球的管理思潮基本上也延续这个思路。《奈飞文化手册》里面有一句话：管理者的本职工作是建立伟大的团队。大部分的管理书籍、课程都会先讲招聘，同时灌输这一理念：招聘解决了，管理的问题就解决了一大部分。

到底是应该"先人后事"，还是应该"先事后人"？

仅就小团队来说，"先事后人"更合适。

首先，没搞清楚目标和任务，搭建的团队可能是不匹配的，而小团队并没有多少时间和资源可以浪费。

其次，小团队的优势是"快"，也就意味着工作可能会变，人的匹配度也会变。如果一开始就锚定了团队，那么会导致之后的发展只能将就团队，而不是迎合市场、客户的需求。

再次，如果是大公司内的小团队，本身的方向或职能已经确定，要么不变，要么更快地变，更需要先梳理清楚工作，否则用人计划只是一纸空谈，没办法落实。

从次，小团队的核心是管理者，这个管理者要对团队的工作、职能有非常深入的理解，其他的团队成员是互补的，能在发展过程中发挥作用。可以说，只要小团队的管理者确定了，这个团队基本上就确定了。

最后，小团队不具备"先人后事"的条件、资源、空间。小团队的管理者应该多思考"事"，而不是经常念叨"人"。小团队的资源和时间是有限的，养不起为未来布局的"大拿"。更何况现在的人才并不少，真有需要的时候，花些时间和精力，也是能找到的。

所以，在解决了对岗位的认识问题、保证团队稳步向前之后，接下来要从"事"入手，其中核心是目标管理。解决了目标的问题，也就解决了管理者工作方向、行动、决策依据的问题，这是整个管理工作的原点。

如何拟定目标？如何让目标被更多人认可？如何让目标落地？如何让目标得以实现？接下来我们一步步解决这些问题。

● 3.1 拟定目标

小明每天忙忙碌碌，效率也很高，每项工作都能安排妥当，下属都认为小明是一位非常合格的管理者。到了月底绩效评估的时候，小明的得分却非常差，领导跟小明说："要紧盯目标开展工作。"小明一直都知道目标的重要性，但具体应该怎么做呢？

3.1.1 目标从哪里来

问题场景：做的事就是目标吗？

忙是一种常态，忙而没有结果，就是我们常说的"苦劳"。要挖掘这个问题的根源，必须回到"因为什么而做事"上。也就是说，你每天的工作是被什么所推动的？

很多人的工作体会是"被事情推动着前进"，而每天做很多事都是为了公司的发展贡献力量。这句话非常笼统，对管理者而言，这是不合适的。可以继续追问：做的事就是目标吗？比如，每天接收到的上级指令、同级部门需要协调的工作、下属要求支持的工作，这些是目标吗？显然不是。

做事有两种驱动：一种是问题驱动，另一种是目标驱动。问题驱动就是所有的任务、协调、指令，都是为了解决问题。被这些工作占满的管理者，只是在不断地解决问题——解决正在发生的问题。这些问题不一定与目标有关，现在处理的不一定与之前处理的有关，问题驱动者甚至比目标驱动者更忙。对于前一种管理者，有一个形象的比喻：救火队员。

什么是目标驱动呢？大部分工作、重点工作都从目标而来，都是为了达成目标。有了目标就能树立标准，可以用这个标准来衡量所有的任务、协调、指令，分配团队的资源和时间。目标让上下、前后做事有关联，形成合力，从而推动公司的发展。这叫"功劳"。

做的事不一定是目标，关键看你是被问题驱动还是被目标驱动。

问题不用找，因为它会自己来找你。如何找目标呢？下面推荐一种找目标的工具——360度找目标法。

实用工具：360度找目标法

目标管理面临的第一个问题是：应该拟定什么样的目标？可以运用360度找目标法解决这一问题，360度的思维有利于打开思路，找到起点。

（1）向上看：一层一层看，看大部门的目标，看事业部的目标，看公司的目标。一方面要看到有目标的地方，另一方面要对上面各个层级的目标都有所了解。如果直接上级就有目标，那么可以直接商讨如何拆分目标；如果整个公司都没有目标，那么要从客户的需求开始推导公司的业务战略，然后是阶段性目标，再逐步拆分目标（这会在后面写明）。

（2）向下看：了解下属现阶段的发展情况，包括之前的成果、具备的能力和态度，以及各自的人生阶段和目标、需求。

（3）向内看：包括自己部门的职责、在流程中的位置、岗位说明、涉及的流程节点。

（4）向外看：这里有三个方面，其一是同行业、同岗位的常规目标库，其二是目前的外部环境和行业的发展趋势，其三是专业人士的建议。

（5）向前看：包括公司的愿景、长期战略规划、中长期策略、1年或3年的目标，以及上级部门的规划、方向、目标。

（6）向后看：包括最近1~3年自己部门、上级部门、有关部门、公司所拟定的规划、目标、战略及达成情况。

（7）左右看：找一找与自己部门在业务流程上有直接和间接关系的部门及岗位，看看它们的目标。

3.1.2 什么是好目标

有几个概念经常会被混淆——愿景、长期战略规划、目标、任务。通用汽车公司在规划T型车时对几个概念的界定如表3.1所示。

表3.1 通用汽车公司在规划T型车时对几个概念的界定

愿景	长期战略规划	目标	任务
让汽车成为大众化的交通工具	更便宜的、效率更高的汽车	创造T型车；生产效率提升千倍；售价1000美元/辆以下	半年内完成工厂流水装配线的升级

可以很明显地看出来，愿景是属于方向性的，重点在于指明方向；长期战略规划是愿景在当下对环境、自我能力的评估及对一定时期的方向的具体化，所以会更明确，一定要指明主抓的方向，一般也会有数据化的要求，如5年销售额达到10亿元，但这并不直接指导当下的工作；目标更具体，是长期战略规划与当

下工作连接的桥梁；任务从目标拆分而来，有正式的任务，也有非正式的、随意的任务——这与具体场景有关。

问题场景：高目标做不到，低目标变任务，怎么办？

这是拟定目标时常见的问题，背后有两个思路需要厘清。

第一，目标本身是否合适，是否高于或低于所在层级。假设，给区域销售经理定的是全国销售总经理应该承担的目标，如搭建销售体系。区域销售经理并不应该承担该目标，更重要的是他并没有全国管控权限，无法把握销售体系的方方面面。也就是说，区域销售经理并不具备达成这个目标的权责利、资源和能力。反之，假设给全国销售总经理设置的目标是制定某某区域年度销售规划，那么同样不合理，除他兼任该区域销售经理的情况外。

第二，目标的衡量标准是否过高或过低。比如，来年对销售额的要求是翻番，而近几年销售额均呈负增长，此时就要参考今年有没有对应的渠道、产品、政策的支持。

不管处理哪种情况，核心都在于要有一个好目标的标准和对应的目标体系。

实用工具：好目标的唯一标准

好目标只有一个标准：给你力量。

好目标会自己说话，会自然激励每个人。拟定太高的目标，但各种条件都不成熟，这只能是管理者的"自嗨"；拟定太低的目标，会让人不自觉地开始混日子。

拟定目标的第一步就是要面对事实，厘清内外优劣势、机会和风险、能得到的资源支持、大环境是否允许。而面对事实的前提是坦诚，坦诚地面对事实、面对团队成员、面对自己的内心。

所以，用心去感受目标，好目标一定会让你有奋发向上、跃跃欲试的力量。如果你感受到的是恐惧、愤怒、无奈，或者没有感觉，则说明这不是一个好目标；如果你感受到的是压力、动力、紧迫感、兴奋感、新鲜感，让你睡不着觉、念念不忘，让你突破自己，让你追随，让人们聚集到一起，让人们的力量相结合，那么这一定是一个好目标。

3.1.3 如何拟定目标

拟定目标有以下几种方法。

（1）独自思考决策法。自己思考、自己分析、自己决策，整个过程独自一人完成。

（2）借鉴法。找一找同类部门、同行业、上下游等的资料或目标，或者本部门的历史目标，借鉴并拟定自己部门的目标。

（3）讨论法。可以和公司内部的上下级、平级讨论，也可以和公司外部的朋友、专家、合作伙伴讨论。通过深入探讨，找到自己部门的目标。

（4）自上而下拆分法。从上级部门的目标中去找，然后根据自己部门的情况将其拆分为合适的目标。

（5）自下而上拍胸脯法。直接和下属沟通，拟定了下属的目标之后，汇总起来就是部门的目标。这种方法在每年销售团队的年会中最常见。

问题场景：为什么大家都不接受这个目标？

费九牛二虎之力终于把目标定下来了，之后写邮件给团队成员，公布目标。这时候出问题了：团队成员根本就不接受这个目标，反对意见非常大。

怎么办？

这个问题要在事前解决，而不是事后。要让团队成员参与到目标的拟定过程中，给大家充分的参与感，而不只是被通知。同时，目标的拟定过程本身就是目标的宣导过程，让团队成员参与能从根本上解决目标接受度低的问题。

实用工具：六顶思考帽

如何让团队成员参与目标的拟定过程？一方面要激发大家积极参与，另一方面要引导大家的思考方向和预期。"六顶思考帽"就是一种特别好的共创工具，它强制让团队成员代入角色，以参与项目。在这个过程中，管理者可以通过选择或指派角色发挥引导作用。

六种颜色的帽子代表了不同的角色，如表3.2所示。

表 3.2 六顶思考帽

颜色	角色
白色	代表中立、客观，只关注客观事实和数据
红色	代表情感，表现自己的情绪、直觉
蓝色	代表理性、计划、控制、协调，控制思考和讨论的过程，负责给出结论
绿色	代表想象力和创造力，充分发挥差异化、与众不同、不被束缚的想象力
黄色	代表正面、肯定、有价值，给出乐观、有信心、有建设性的表达
黑色	代表否定、怀疑、质疑，但所提出的批评是合乎逻辑的

原则只有一个：投入其中，用"戴上帽子或摘下帽子"来表达。

有以下三种常见的玩法。

（1）提前安排角色，按照"白—绿—黄—黑—红—蓝"的顺序依次发言。

白色帽子：陈述问题。

绿色帽子：提出解决问题的方案。

黄色帽子：评估该方案的优点。

黑色帽子：列举该方案的缺点。

红色帽子：对该方案进行直觉判断。

蓝色帽子：总结陈述，做出决策。

（2）视情况单独使用某个颜色的帽子。比如需要创新，就说"现在是绿色帽子的时间"，接下来一段时间大家集体代入"绿色帽子"的角色。

（3）不提前安排角色，也不提前安排发言顺序，只是要求每次发言只能戴一顶帽子，可以在表达完一种角色语言之后换一顶帽子继续说，整个过程发挥不同帽子的发言立场，主持人要控制会议的进度和不同帽子的使用频次。

3.2 制订计划

小明带领团队确定了明年的目标，高高兴兴地找领导汇报。领导看着目标说："完成这个目标需要做哪些工作？每个人应该做什么才能实现目标？你有什么计划？"小明这才发现，大的目标有了，却没有落地，定了目标只是完成工作的第一步。

"落地"是大部分目标的问题，"执行"是大部分团队的问题。要解决这两个问题，原点在目标——建立一套目标体系，让目标落地，让目标和执行关联起来。这个过程就是拆分目标的过程，也是制订计划的过程。

首先，要建立对目标的全面认识。目标不仅是"年度销售额1亿元""年度利润5000万元"，而应该将大目标拆分为更小的目标、更短周期的目标、更容易在执行过程中衡量的任务、更贴近个人的工作，如"2月小李开发客户数100人""Q1费销比小于10%"。

其次，找到合理的方法拆分目标。后面会提到两种常用的拆分方法。

再次，保证目标的每个层级是有关系的，上下级的目标是关联的，只有这样才能形成合力。

最后，目标的拟定过程需要团队成员的共同参与，参与本身就是培训的过程。

3.2.1 到事：将目标拆成任务

拆分目标的第一步是将其拆成更小的目标（任务），如何拆呢？常用的方法有两种：加法分解和乘法分解。

列举一个销售目标拆分的例子，如表 3.3 所示。

表 3.3 目标拆分示例

总目标：年度销售额 1 亿元	
加法分解	乘法分解
华南区：3500 万元 华东区：3500 万元	老客户：老客户激活数（300 人）× 返单率（10%）× 客单值（100 万元）=3000 万元
华北区：2000 万元 西南区：1000 万元	线上渠道：新增客户数（2000 人）× 成交率（5%）× 客单值（30 万元）=3000 万元
西北区：500 万元 东北区：500 万元	线下渠道：新增客户数（1000 人）× 成交率（10%）× 客单值（50 万元）=5000 万元

在拆分的时候有几点要特别注意。

首先，拆分的维度应在同一层级，如按照区域拆分就全部按照区域拆分，不要一部分又按照渠道拆分。

其次，合计的目标最好高于总目标，如总目标是 1 亿元，拆分后的合计是 1.1 亿元，这样能够有一定的容错空间。当然不用高太多。

再次，拆分不限于一层，这个例子只拆分了一层，实际上应该进一步拆分。比如，在华南区内部进行进一步拆分。另外，不同层级可以用不同的维度和方法来拆分，如第一层可以按照区域拆分，也就是加法，第二层可以按照渠道拆分，也就是乘法。

最后，拆分过程需要有团队成员、具体目标的承担人共同参与，否则可能脱离实际、不被认可。

问题场景：如何保证拆分后的目标合理、可执行？

目标拆分不是一道算术题，加加减减就可以了，最终还是要回到实际的工作中。在拆分的过程中，往往会遇到争吵，你觉得目标合理，对方觉得不合理甚至不公平。

这些问题其实都是关于拆分目标的合理性问题——只有合理的目标才是可执行的。要想解决这个问题，难也不难。

首先，目标要清晰，因为模糊的目标是无法拆分的，也是不可能实现的。这里的清晰指要表达准确的方向，明确表达其衡量标准，如多久之内实现、谁是承担者。

其次，在拆分目标之前应该先梳理目标自身的逻辑，即其本身是否能实现。比如，针对"年度销售额 1 亿元"这个目标，可以根据各个渠道的销售漏斗来评估目标的可行性。如果直接拿着目标拆分到下级部门，则只是把问题往下放而已（梳理后，在正式拆分时可以先拆分到下级部门）。

再次，目标拆分的背后是配套的支持，包括政策、资源、机制、人员等。拆分过程要多问几个问题："如何才能保证目标的实现？需要什么支持？""是不是这样就能够保证目标的实现？"

最后，目标拆分不要闭门造车、拍脑袋决策，这个过程既需要团队成员的共同参与，还需要数据的分析和支持，不能对着一张白纸、凭感觉拆分。

拆分完成后，应该得到这样一张表（以上述拆分中的老客户为例），如表3.4所示。

表3.4 目标拆分及落实示例

总目标：年度销售额1亿元				
中目标	子目标	衡量标准	所需支持	落实
老客户销售额3000万元	老客户激活数	300人	需要激活老客户的营销策划	营销部2月28日确定方案
	返单率	10%	销售团队的技能培训	人力资源部1月30日确定计划
	客单值	100万元	丰富产品线，增加新产品	产品开发部1月10日开会探讨，1月末确定计划

实用工具：目标分解法——加法分解和乘法分解

加法分解和乘法分解的比较如表 3.5 所示。

表 3.5 加法分解和乘法分解的比较

比较项	方法	
	加法分解	乘法分解
定义	并行，子目标相加大于等于总目标	串联，子目标相乘大于等于中目标
应用	区域、渠道、生产线、人员、产品等	销售漏斗、流水线、流程、比率估算等
优点	● 易于计算； ● 显而易见； ● 责任清晰	● 关注质量； ● 整体协同； ● 关注执行
缺点	● 太简单，容易流于表面； ● 易变成拍脑袋决策、拍胸脯承诺	● 需要对业务足够熟悉和了解； ● 某个参数出错，结果差异非常大
可以从上往下拆，也可以从下往上加或乘		

3.2.2 到人：自上而下，人人有责

通过第一步的拆分，大目标基本上变成了可执行的小目标，接下来需要做的是把目标和责任人联系起来。如果没有拆分到人，则需要继续拆分；如果已经拆分得非常清晰了，就需要将其落实到每个人的工作上。

问题场景：管理者为目标"累死"，下属只能加油？

新晋管理者在度过生存期之后，会发现全部门最忙的是自

己，更可怕的是，部门目标只与自己有关，下属基本上只做一些日常工作，与部门目标的关联度不高。更有甚者，下属想帮忙，却发现自己插不上手。这也就出现了"管理者为目标'累死'，下属只能加油"的现象。

如何改变这个现象呢？

首先，管理者需要转变自己的思维，突破"他们做得那么慢，教一遍我早就做完了"的认知。很多人把这一点与授权关联起来，其实这远远谈不上授权。持有这种想法的管理者，应该回到本书第1章，想一想自己是不是想好做一位管理者了。

其次，目标没有做拆分，也就是上一步没有做，这就导致目标变成了一个"黑箱"，只有管理者知道与上级沟通的细节，知道应该做成什么样、应该怎么做。所以，要拆分目标，并且让下属参与进来。如果下属没有参与部门目标的拆分，那么在部门内部应该组织这样的拆分工作，让大家参与进来。

再次，目标没有和下属联系起来，目标与下属的日常工作是分离的。这就需要用到DOAM法来解决这个问题。

最后，目标拆分完成之后，需要公开举办"目标承诺书"签署仪式，并且确定目标复盘的不同阶段和周期。

实用工具：DOAM 法

这一方法是由彼得·德鲁克提出来的，他将每一级的目标分为四个方面。

（1）D（Direction，行动方向）：规划的战略方向，如生产更便宜的汽车、扩大市场份额、保持技术领先等。

（2）O（Objective，目标）：将行动方向与当下的实际情况相结合，得出的更具体化的目标，如创造 T 型车、年度销售额达到 1 亿元、完成技术迭代等。

（3）A（Action，行动计划）：支撑目标实现的行动，如提高效率、降低售价、激活老客户、提高客单值、增加发明专利的数量、扩大新技术在产品中的应用、提高产品整体性能等。

（4）M（Measure，衡量标准）：针对行动计划的每一项制定衡量标准，如提高效率的衡量标准是生产效率提升千倍，降低售价的衡量标准是售价在 ×× 元以下等。

上一级的行动计划是下一级的行动方向，上一级的衡量标准是下一级的目标，依次类推。比如，上一级的行动计划是提高效率，下一级的行动方向就是提高效率；上一级的衡量标准是生产效率提升千倍，下一级的目标就是生产效率提升千倍。

DOAM 拆分结构表如表 3.6 所示。

表 3.6　DOAM 拆分结构表

级别	行动方向	目标	行动计划	衡量标准	责任人
第一级	D1	O1	A1	M1	
第二级	D2=A1	O2=M1	A2	M2	
第三级	D3=A2	O3=M2	A3	M3	

通过这张 DOAM 拆分结构表，基本上能够把所有的目标拆分整合进来，同时可以确定对应的责任人。在应用的过程中，有几点需要注意。

首先，DOAM 法的核心在于，通过自上而下的方式，将上下级的目标对齐，同时通过自下而上承诺目标的方式，把目标和责任人联系起来，支持整体目标的实现。

其次，拆分之后的目标，需要再用 DOAM 法统一、对齐。同时，将最终的目标整理形成 DOAM 目标体系表。

最后，可能有一个问题：如何将上级的目标拆分到两个相同岗位的员工身上？要解决这个问题其实也很容易，可以用加法来拆分，结合实际工作和个人能力等方面综合考虑。

最终，每个部门、每个人形成一张 DOAM 目标体系表，如表 3.7 所示。

表 3.7 DOAM 目标体系表

××部 2024 年目标						
行动方向	目标	行动计划	衡量标准	责任人	所需支持	备注

3.3 用指标控制过程

拟定目标，将目标拆分到事、到人，形成一套目标体系和对应的行动计划之后，还需要一套指标来监控目标的执行过程，时时紧盯目标、纠偏对齐，保证目标的实现。否则，就会出现"到年底才知道目标完不成，想调整来不及了"的情况。

3.3.1 到年底才知道目标完不成，想调整来不及了，怎么办

这是一个无解的问题，因为"时间不够了"，此时只能做两件事：竭尽全力实现目标；做好来年的规划和控制，避免再犯。

先说第一件事：竭尽全力实现目标。

首先，现在的管理趋势是"盯结果，看成果"，而不是看职位或经验、能力、考勤。也就是说，不管位于什么层级，获得薪酬、激励的主要方式都是产出成果，而不是看职位多高、经验多

丰富。所以，没有达成目标，但要想获得更高的薪酬，需要产出足够的成果。

其次，从质量和效率的角度入手。这背后有两个现实因素：一是每个人的潜力在关键时刻是可以被激发出来的；二是现实工作一定有很大的提升空间。只要一个环节、一个环节地分析，就一定能找到其中的提升空间。这样的提升往往具有乘法效应。比如销售，要一个客户、一个客户地分析，分析销售漏斗中的每一个指标。

再次，到了最后的时间点，需要改变原来的既定方式，创造性地去思考，从技术、工艺、方法上寻找创新点。这里可以运用"六顶思考帽"的方法进行思维碰撞。尤其是在当下这个时代，在销售等领域，要想达成年度目标，就需要创新。

最后，借助外部的力量。往大讲，可以理解为"重构商业模式"；往小讲，可以是找更多的合作伙伴。比如，生产目标无法达成，尤其是在面对年底旺季的情况下，上面的方法都无法解决这个问题。这时候，可以找外部的同类工厂合作，牺牲一部分利润，换取市场份额。委外加工的方式已经很常见了，同样的思路可以在销售、研发等领域应用。

通过上面的方法，"竭尽全力"了，但并不能保证完全达成目标。要想从根本上解决问题，应该在来年的规划中加入控制指标，通过指标建立一套预警机制。也就是前面提到的第二件事。

从目标中提炼出指标，要用到两种工具——QQTC 模型和 SMART 原则。

3.3.2 绩效指标拟定法：QQTC 模型和 SMART 原则

目标拟定好了，如何从中提炼出合适的指标？

下面介绍一种提炼指标的工具——QQTC 模型。

实用工具：QQTC 模型

QQTC 模型是指从数量、质量、时间、成本四个方面来提炼指标。

（1）Q（Quantity，数量）：数值、比例，如业绩、利润率等。

（2）Q（Quality，质量）：满意度、合格率等与工作本身的质量有关的指标。

（3）T（Time，时间）：可以是具体日期、天数，也可以是及时率、周转率等。

（4）C（Cost，成本）：成本节省率、预算完成率、费销比等。

提炼指标的方法如下。

首先，结合目标按照以上四个方面分别提炼指标。目标同样是销售额，提炼出的指标：在数量上，可以是销售额；在质量上，可以是目标达成率；在时间上，可以是最快达标天数；在成本上，可以是费销比。先尝试将各个方面都考虑到位，再做出选择。

其次，从公司发展方向的角度来筛选指标。比如，是应该针对短板设计指标，还是应该关注长处？销售额特别高，但是利润率非常低；产量超高，但是交货时间总是延后，应该怎么筛选？这时候要向上一层一层看目标，先看看今年公司的发展方向是什么,再看看短板短到什么程度。比如,今年公司的发展方向是扩大市场份额,成为行业龙头。那么,公司的目标就是提高销售额,可以在一定程度上牺牲利润;为了产量和交期,可以增加一部分费用投入。这时候就能提炼出销售额、产量、交期的指标,同时设定一个利润率的底线指标——低于则预警。

再次,用SMART原则评估各项指标。

实用工具:SMART原则

SMART原则是专门用来评估指标的有效性的工具,也可以用来评估拆分之后的目标。有效的目标需要符合以下五个方面的标准,且五个方面缺一不可。

(1)是明确的、具体的,而不是模糊不清的。

(2)是可衡量的,而不是拍脑袋得出的。

(3)是可达到的,而不是过低或过高的。

(4)是相关的,也就是与公司目标、岗位职责相关的。

(5)是有时间限制的,而不是没有期限的。

最后,将指标整理到绩效指标库中用于执行,如表3.8所示。

表3.8 绩效指标库

目标	指标名称	衡量标准	计算方式	数据来源	责任人	评估周期	权重	备注

第 4 章 搭建团队

第 3 章通过拟定目标、制订计划（拆分目标）等方法建立了目标体系，并提炼出对应的指标进行监控。但也留下了一些问题：目标是业绩翻番，团队应该怎么调整？业务要转型，现有团队成员能力不匹配怎么办？部分人员思想僵化，无法适应新时代的竞争怎么办？本章重点聊一聊团队的问题，从规划组织到组建团队再到用团队活动凝聚团队，一点点解决这些问题，以支持目标的实现。

● 4.1 规划组织

小明拿着明年的目标体系，抬头看着自己的团队成员：有的人能力拔尖，有的人能力不足；有的人踏实肯干但就是没产出，有的人只要激发一下就能取得更好的绩效；有的人不仅没产出，态度还不端正。

小明想：如果有一个搭档帮帮自己就好了。

团队的问题不解决，明年的目标就是空中楼阁，怎么办？

搭建团队要从规划入手，团队的问题是组织的问题，组织问题的源头是管理者自身。下属能力的问题不是个人的问题，而是组织能力建设的问题，包括个人的能力、团队成员能力的搭配、流程、标准、IT 系统等方面。我们一点点来拆解。

4.1.1 团队构成

知己知彼，首先要知己，规划的第一步是了解自己和团队的现状。接下来从领导风格、团队结构、权责利平衡三个方面分析和评估。先了解自己是什么领导风格；再看看自己的团队属于哪种结构，未来希望建成什么样的结构；最后评估从团队到岗位、到每个人的权责利是否平衡。

1. 领导风格

要减少小团队内部的摩擦，最好的办法是使管理者的领导风格和下属之间相对匹配。如果你是一个非常强势的管理者，遇到一个同样强势的下属，那么很容易发生争执；如果你是一个看重人和人之间和谐关系的管理者，那么在下属的眼里你可能就是一个和稀泥的人；如果你是一个非常严谨的管理者，那么一定非常受不了那种随性、马虎的下属。

这里有 10 道题，简单测试一下。每道题 1~5 分，最符合打 5 分，最不符合打 1 分。领导风格打分简表如表 4.1 所示。

表 4.1　领导风格打分简表

题号	问题	打分	题号	问题	打分
1	是一个传统的人		6	性格温和	
2	善于理解别人的意思		7	适应能力强	
3	独立,不易被外界影响		8	具备非常高的工作效率	
4	做事认真且正直		9	非常关注细节	
5	爱说话		10	组织能力强	

这是简化版的 PDP 领导风格测试（完整版可以找专业机构），题号 1 和 6 代表的是考拉，2 和 7 代表的是变色龙，3 和 8 代表的是老虎，4 和 9 代表的是猫头鹰，5 和 10 代表的是孔雀。同种类型的得分之和最高的一组，就是你的领导风格类型；如果有两种类型的得分明显高于其他三种类型，则为两种类型的结合；如果各类型的得分都差不多或有三种及以上类型的得分相近，就是变色龙。

实用工具：PDP 领导风格测试

该工具依据个性特质的不同，将人区分为五大族群，分别是老虎、孔雀、考拉、猫头鹰及综合以上四种特质的变色龙，如表 4.2 所示。

表 4.2 PDP 领导风格类型分析表

比较项	类型				
	老虎（支配型）	孔雀（表达型）	考拉（耐心型）	猫头鹰（精确型）	变色龙（整合型）
优点	自信，权威，决断力强，重视竞争和效率，胸怀大志	同理心强，擅长言语表达和自我宣传，善于处理人际关系	爱好和平，持之以恒，忍耐性强	喜欢精确，重视专业性，循规蹈矩	适应、协调、整合、沟通能力强
缺点	忽略细节和他人情感	忽略细节和具体执行	决策慢，不坚定，不喜争执	感情冷漠，也可能过度分析	较无个性及原则
导向	成果导向	人际导向	价值导向：追求专业上的中长期结果	过程导向	组织导向：以组织的目标利益为依据
领导风格	强调权威与果断，擅长危机处理，适合开创性与改革性的工作	喜欢与人打交道，重视团队，擅长激励，共同参与，主动营造愉快活跃的气氛	需要较充足的时间做规划，意志坚定，步调稳健	重计划、规则、条理，细节精准，敬业	四种特质的综合体，擅长整合内外信息，以中庸之道处世，弹性极强
不合下属	过于怯懦者，另一只老虎	另一只孔雀，老虎	—	孔雀	—
适合工作	开拓性	稳定性	—	—	—

了解了自己的领导风格之后,还可以粗略地评估团队成员的风格。在规划自己的团队时,应当考虑以下几个问题。

首先,了解什么人跟自己在一起工作效率低,什么人跟自己在一起工作效率高。比如,自己是猫头鹰风格,不太建议找孔雀风格的下属,但是找老虎风格的下属就比较匹配。

其次,评估自己团队的目标和职责,考虑团队成员的搭配。如果自己并不是老虎这类开拓性的风格,但实际工作又需要非常强的开拓性,则需要考虑在团队中加入这类风格的成员。

再次,提升自己的境界、开阔自己的胸怀,大老虎能镇得住小老虎、大孔雀能压得住小孔雀。

最后,领导风格不是一成不变的,成熟的管理者一般掌握2~3种领导风格,根据具体的工作需要调整自己的领导风格。

2. 团队结构

"明经理,这位客户说需要找您确认一下!"

"明经理,关于那个单子,生产部门说要跟您开个会!"

"明经理,有件事需要找您帮忙看看。"

…………

小明每天都忙于应付各种工作,看着下属所有的事情都要找自己才能确认,他既有作为领导的存在感,又有一种恨铁不成钢的感觉。

这个月虽然超额完成了目标,但是上级也跟自己委婉地提到了"授权""人才培养"的问题,应该怎么办?

要想回答这个问题，需要从团队结构聊起。

一般团队有两种结构：一种是以自己为中心建立的"助理型"，另一种是按照合理职能分工搭建的"团队型"，如图 4.1 和图 4.2 所示。

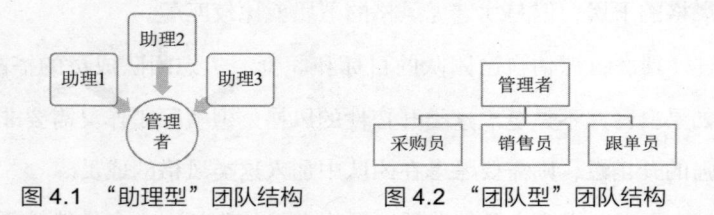

图 4.1 "助理型"团队结构　　图 4.2 "团队型"团队结构

1）"助理型"团队结构

这种团队结构的核心是管理者，其他人都是他的助理。其核心逻辑是通过将繁杂的琐事、重复的事情、简单的工作分出去，让管理者把时间放在关键的、核心的、不确定的、需要决策的事情上。

这种团队结构对管理者的要求在于能力——达成目标的能力，对助理的要求在于三点：忠诚、执行力、承压能力。在这种团队结构中，管理者难以被替代，而助理容易被替代——而且事实上助理的离职率会很高（招不到人、工资低、工作累）。

这种团队结构可能是 80% 的初始团队的状况，也是管理者下意识的选择。对初始团队和高度依赖个人能力的行业来说，这种团队结构是有效的。但要进一步发展，这种团队结构就会有非常大的瓶颈。

2)"团队型"团队结构

这种团队结构的核心是通过分工提高效率,管理者须承担"核心业务 + 管理职能 + 救火"三个方面的工作。首先,作为小团队的管理者——尤其是基层管理者,不仅要承担核心业务,还要承担一部分一线业务。其次,管理工作是核心,管理者应通过计划、组织、领导、协调、沟通等方面的工作,保证目标的达成。最后,对于异常情况的处理,如某个岗位上的人员请假需要人顶岗、遇到特殊状况需要救火,这时候都需要管理者出马。

分工的好处是每个人都独立承担一部分工作,有要求、有责任、有结果。一方面,这有利于每个人的成长,通过轮岗,每个人都能够成长为一个可以承担全套工作的人才;另一方面,随着对工作的不断熟悉,每个人也可以在本岗位上达到效率最高,站在本岗位的角度,对全流程提出改善的建议,同时能制定可复制的标准。

搭建这类团队的难度不在于人,而在于事,在于分工。而分工需要标准,需要管理者对工作的方方面面都熟悉,并且具备统筹管理能力。在过渡期,因为管理者对目标达成没有100%的掌控力,而要依靠团队的力量,所以可能出现绩效的波动。但这种团队结构的后劲特别大,可以推动管理者一个台阶、一个台阶地往上走。

对比"助理型"和"团队型",前者的门槛和天花板都低,后者的门槛和天花板都高,同时两者都需要结合"领导风格"来思考。但有一点是普遍规律：管理者入门可以用"助理型"，管理者的未来在"团队型"。

3. 权责利平衡

小明准备拟订下一季度的销售计划，于是拉着各个城市经理一起开会。小明做了大半个小时的动员工作，始终没有人回应。

小明没辙了，问大家："有什么问题吗？需要给什么支持吗？"

大家半遮半掩地说：

"奖金能不能多一点儿？"

"能不能给我们本地广告投放的选择权啊？"

…………

在规划组织环节，有三大工作是核心，应该做在前面。前面说了"领导风格""团队结构"，现在要聊的是"权责利平衡"。这是经常事前被疏忽，事后想努力弥补却错过了时间、带来了误会和怨气的工作。

以下是站在公司的角度和站在员工的角度给出的两张不同重点的图，如图 4.3 和图 4.4 所示。

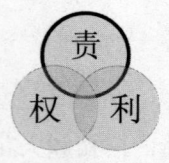

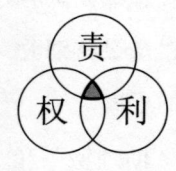

图 4.3 公司眼里只有"责"　　图 4.4 员工眼里的"权"和"利"

这两张图能够清晰地表达公司视角和员工视角的差异。

站在公司的角度（见图4.3），往往从"责"这个圈往下看，看不到"权"和"利"，经常把"责"来来回回地说，不断地考核，而忽略了"权"，自以为给足了"利"。

事实上，公司只给了"责"这一个完整的圈，所谓"权"和"利"也只是"责"圈内的那一点点。

站在员工的角度（见图4.4），他们感受到的是像山一样重的"责任"，像石头一样小的"权力"和"利益"，工作本身给到的动力只有三个圈相交的那一点点。

也就是说，公司把100%的责任给了员工，但是权力和利益只分别给了10%，最后员工只会承担10%的责任。

怎么办？

想让员工承担100%的责任，就要把100%的权力和100%的利益分给员工，只有这样才能达成100%的目标。

但是又怎么知道权责利是否平衡呢？

首先，在设计责任的时候，应换位思考，分析做这件事需要哪些权限、资源支持，需要什么样的激励才能让员工有足够的动力。

其次，在跟员工谈的时候，要把"权责利"拿出来一起谈，听听员工的心声。

再次，不要太抠门，相比最终的成果，给员工的激励并不多。

最后，一定要制订计划，做好汇报、反馈、监督。

4.1.2 找到搭档：总觉得孤掌难鸣怎么办

因为行情不好，小明团队今年的目标达成情况不容乐观。以往都是小明扛起了大部分业务，这次也一样，下属都眼巴巴地看着小明，看他表演"逆风翻盘"。

小明每天只能像打了"鸡血"一样，表现得非常有信心。实际上，今年该下单的客户早就下单了，原来一直联系的客户也遇到了困难。

晚上，小明回到家才松懈下来，问自己一句："怎么就没人能帮帮我？"

不同类型的团队，对搭档的称呼不同，如创始团队叫"合伙人"，基层团队叫"骨干"，在这里统称为"搭档"——管理者的副手或帮助管理者承担相当一部分职责，并且能够一起承担团队的目标，可以共同总结过去和规划未来的人。

这类人不好找。如果管理者没有搭档，孤掌难鸣，则团队难有长远的未来。

搭档难找，但还是要找。

怎么找？

实用工具：寻找搭档三步骤

要想找到搭档，只有一颗"灵丹妙药"——时间。寻找搭档的过程分为以下三步。

首先，要从开始搭建团队时就寻找搭档，因为这是一项长期的工作。

其次，要有耐心地去找，宁缺毋滥。哪怕已有初步确定的人选，如果不合适也要果断更换。

最后，找到之后要花100小时和他相处。这里的相处包括工作、生活，甚至需要和他的家庭成员见面聊一聊。

为什么要花这么多时间呢？

因为有个好搭档解决的是未来的问题，因为寻找搭档往往要付出不小的代价，因为评价搭档的标准是其行为习惯。

行为习惯包括两个方面：一是看其是否具有成功者的行为习惯，如目标感、高效率、诚信精神、学习能力、承压能力，还有因为这些行为习惯取得的成绩、成果、技术、人脉资源等；二是看其行为习惯与管理者的契合度，如两人是不是同道中人、价值观是否相符。而这些需要花时间去了解。

这就有了100小时原则。越是高层的搭档，越是重要的搭档，越要花够时间去了解。如果两人原来是朋友，就多到工作、正式的场景中去；如果两人原来是同事，就多到生活、娱乐的场景中去；如果两人原来不熟悉，那可以多到活动中去共同经历、相处。

只有花够时间，才能找准搭档，不要贪图快。

4.2 组建团队

团队设计好了，搭档也找好了，接下来就可以组建团队了。组建团队可以从选、育、留、减四个方面入手，通过不断循环，最终形成一个合适的、有战斗力和活力的团队。

4.2.1 选：是一张白纸还是即插即用

选人有两种途径：一是招聘，二是从现有团队中筛选。从人才筛选的角度来看，两者有很多相似之处，而且前者在选人的角度上会更全面。

1. 招聘：选择一个成年人

以前很多小团队喜欢招聘大学生，因为一张白纸容易画画。但这有一个大前提，当时并没有那么多人才供我们选择，而且培养一个人才要用相当长一段时间。然而，现在这个前提变了，市场中有很多人才——问题在于怎么吸引他们加入，因为新培养的人才大多会选择自己喜欢的事情而不是其一开始的工作。

所以，小团队一定要招聘那些成熟的人才——招来就能做贡献。哪怕是跨行业吸引的人才也应该有一定的工作技能基础、心理成熟稳定、对团队的事业感兴趣。

2. 选人的标准：胜任力模型

选人要有标准，这个标准可以用"胜任力"来表述。在现实中，我们会要求具备三年工作经验、熟练使用英语、诚实等，这些都是标准，但是缺乏一个基本的框架。

胜任力一般包括三类：价值观、专业能力、通用能力。这背后包括企业整体的要求和标准，如企业的价值观、企业的通用要求、职业序列要求、岗位标准等。如果这些都有，则可以直接拿来用；如果没有，则可以运用一种简单的、符合小团队管理者的应用要求的工具——胜任力模型。

实用工具：胜任力模型

管理者可以从以下三个方面来构建胜任力模型，以筛选人才。

1）价值观

关于价值观，可以直接从已有的地方移植过来。

首先是企业的价值观，这是最直接、有效的。

其次是老板的价值观，这本身就是企业价值观的源头。

再次是管理者的价值观，这是不容忽视的一点。

最后是团队的价值观，如果团队有一些独特的价值观，则可以作为参考。

以上四个方面的顺序和重要程度是自上而下的。

2）专业能力

管理者本身就对下属的各项工作非常熟悉，也熟悉自己部门的工作内容和各项能力要求，如销售技巧、生产设备操控方法等。

因此，关于专业能力，可以参考以下步骤构建。

首先，看看是否已经有岗位说明和具体要求、标准。

其次，跟在岗人员及其上下游聊一聊，拟定初稿。

最后，找一些专业资料进行比照，确定初步应用的词典库。

3）通用能力

这一部分相对容易构建，尤其是小团队，可以直接参考"麦克利兰通用胜任力词典"，从中选择适合团队的就可以了，如表 4.3 所示。

表 4.3 麦克利兰通用胜任力词典

群组	胜任要素
成就与行动素质群	成就导向、重视秩序、品质和精确、主动性、信息搜集
帮助与服务素质群	人际理解、客户服务导向
冲击和影响素质群	冲击与影响、组织认知、关系建立
管理素质群	培养他人、命令、团队合作、团队领导
认知素质群	分析式思考、概念式思考、专业知识
个人效能群	自我控制、自信心、弹性、组织承诺

小团队的管理者管理的一般都是基层团队，涉及的通用胜任力不多，简单做一些解释，并且拟定两个级别的行动标准作为参考即可（实际上至少要有五级，但这里只对部分情况进行了描述）。小团队成员通用胜任力及行动标准示例如表 4.4 所示。

表 4.4 小团队成员通用胜任力及行动标准示例

通用胜任力	解释	一级行动标准	二级行动标准
成就导向	把工作做好，不断超越标准	完成任务	超额完成任务，会总结、优化工作
品质和精确	无法容忍不确定的事项，重视品质和细节	有质量地完成工作，有过程文件，整齐、及时	提前做好准备，不仅自己完成，还能监督其他人完成
主动性	没有人要求，自行采取行动，付出超乎标准和职责的努力	面对困难不放弃，尝试三次以上，并寻求外部支持	提前行动，面对危机有担当，创造机会
人际理解	具有同理心，能感受到他人未表达的含义	倾听，能明白他人的隐藏意思，并予以回应	能感受到他人未表达的含义，同时回复他人的关心，给予他人温暖
自我控制	对外界诱惑具备控制能力，对自身行为具备调节能力，并与社会价值观相符	能够承担责任，面对诱惑和困难，依然能履行职责	能够控制自己的生活和工作节奏，使自己稳步前进

3. 选人的方法：行为评估法

选人的方法有很多，如性格测评、能力测试、结构化面试、无领导小组讨论、情景设置、文件筐测验等。用得最多的是行为评估法，这是最简单、最高效的一种评估方法，易于上手，适合有工作经验和能力的管理者。

实用工具：行为评估法

行为评估法的逻辑是：以前做得好的人，未来也能做好。所以，在评估的时候，唯一要做的是确认被评估人以前做了什么。比如下面这个例子。

被评估人：我是一个特别积极主动的人。

评估人：请举个例子说明一下。

被评估人：平时跟进客户，即使被拒绝我也不会放弃，会为了销售成功一直跟下去。

评估人：有没有哪个客户让你印象深刻？

被评估人：有的，去年9月，有个客户我跟进了三个月，但是对方始终不和我见面。

评估人：那你是怎么应对的？

被评估人：我知道这个客户每天中午都会外出吃饭，有一天中午快到下班的时候，我到了他的公司楼下，看到他出来之后就给他打电话，直接说自己过来办事，刚好看到他出来，约他坐一坐、聊一聊。

评估人：对方接受你的邀请了吗？

被评估人：没有接受邀请，但在去餐厅的路上，我把我们的产品和服务向他做了介绍，成功引起他的兴趣，获得下午面谈的机会。

评估人：下午谈成了吗？

被评估人：下午我们谈得非常深入，没有当场成交，但最后还是成交了。

评估人：为什么之前三个月你没有采取这种办法？

被评估人：一方面我是最近才获得"他中午外出吃饭"的信息的，另一方面我也是一点点在学习和进步的，这是在向老业务员请教时学到的。

上面就是一个非常典型的行为评估过程，询问过程遵循STAR原则：Situation（情景）、Task（任务）、Action（行动）和Result（结果）。

（1）情景：事情发生的背景，如上文的情景是"跟进了三个月，始终不见面"。

（2）任务：接收的任务或行动的目的，如上文的最终任务是"销售成功"，而当时的任务是"能和客户见面"。

（3）行动：接收任务后的思考和采取的行动，如果是团队作业，则还涉及被评估人在其中的角色。比如，上文的行动是"中午去截客户"。

（4）结果：采取行动之后取得了什么样的结果，这里的结果一定是具体的、明确的，而不是模糊不清的。比如，上文的结果是"当时谈得很深入，没有当场成交，但后期成交了"。

4.2.2 育：边做边教

选对了人，然后就是要教。成熟的人，教得少一些；经验少一点儿的人，教得多一些。但都是需要教的。

应该怎么教？什么样的方法更适合小团队？

问题场景：教了半天还不如自己做，浪费时间？

小明很纠结，最近自己招聘了一个新人，是跨行招进来的，对方的综合素质不错。但可能是因为跨行，这边的工作具有一定的专业性，而且要考虑的细节非常多，他每次做完都花较长时间，如果换作自己早就做完了。自己本来就忙，教他还不如自己做呢！

这是小团队管理者常见的问题，教了半天对方还是做不好，最后自己还要花更多的时间来补漏洞，还不如一开始就自己做。就这样，管理者越来越多地选择自己做，让下属在旁边看着。做了很多次，发现下属还是不会，更加郁闷了。

这里错的不是下属，而是管理者。

首先，管理者可以做，但一定要边做边教，这里有科学的方法。

其次，管理者要制订一个成长计划，有时间、有目标、有方法、有步骤，切忌一股脑儿地把工作交给对方，要把工作拆散了，一点一点地教，最后合起来。就像军训教正步走，要先教会立正，然后一个动作、一个动作地教，等对方学到位了再按口令走。

再次，管理者要有耐心，要明白培养人是为了未来。在最开始的一周、一个月内多花时间，以后能少花很多时间，团队的效率也能高很多。

最后，整个过程要有仪式感，明确开始、结束的动作，用仪式端正态度，结果就成功了一半。

实用工具：OJT 培训法

运用这种方法最典型的例子就是军训，多数教官都是遵照这种方法实施训练的，现在许多健身教练运用的也是这种方法。事实上，OJT 培训法在公司、小团队、一线部门应用得非常广泛，其操作步骤如图 4.5 所示。

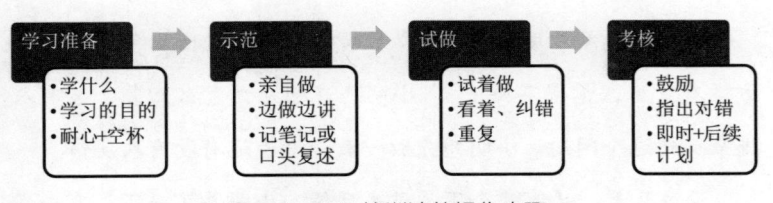

学习准备	示范	试做	考核
·学什么 ·学习的目的 ·耐心+空杯	·亲自做 ·边做边讲 ·记笔记或口头复述	·试着做 ·看着、纠错 ·重复	·鼓励 ·指出对错 ·即时+后续计划

图 4.5　OJT 培训法的操作步骤

OJT 培训法分为四步。

（1）学习准备。讲清楚学什么、学习的目的是什么，说明白学习应该有"放下过往认识"的空杯心态。在这个过程中,教学者要有耐心。

(2)示范。教学者要亲自做,边做边讲,同时要求学习者记笔记或口头复述。

(3)试做。学习者试着做,教学者要认真看、及时纠正对方的错误。学习者要不断地重复练习,从被盯着练习到自行练习。

(4)考核。每次练习后都要考核,给本次学习的成果定标。教学者要即时评价,先鼓励,然后指出对错,最后制订后续计划。

4.2.3 留:核心骨干

对人好谁都会,只要给钱、给尊重、给机会、给保障就行了。但团队的资源有限,没有办法留下每个人。

怎么办?

对小团队来说,留人的核心在于留谁,而不是怎么留。

问题场景:大部分人不满意就一定有问题吗?

有个下属给小明打报告:"大家对于最近提出的年终奖分配方案有意见,觉得不公平。"小明还在想应该怎么回复,又有人进来反馈这个问题。小明想先放一放,看看还有没有人反馈。

没过几天,又有几个下属过来反馈。小明算了一下,有一半的下属都对这个方案不满意。

"难道方案真的有问题?"小明也开始怀疑了。

不对啊,这个方案是为了让产出成果的人拿到更多,唯一的问题是"以前的方案都是'大锅饭'"。再看看过来反馈的人，都是业绩平平的人，能力强的人没有一个说方案有问题。

小明打算开会聊聊。

每个管理者、每次变革都会遇到这样的问题：大部分人不满意就一定有问题吗？

这个问题本身是不对的。拿出业绩表、绩效表来看会发现，20%的员工完成了80%的业绩。所以，我们要把这20%的员工找出来进行重点激励。

那其他80%的员工是不是可以不要呢？不是，因为没有这80%的人也不会产生这20%的人，一方面这是人才库，另一方面工作需要相互配合。

管理者要识别这20%的人，重点激励这20%的人，适当保障剩下的80%的人，形成一个正向的循环。

如何识别这20%的人？可以用人才盘点九宫格。

实用工具：人才盘点九宫格

完整的人才盘点工作有一整套的标准和流程，需要专业的人力资源管理者和直线业务经理共同操作。而小团队很少有专业人员的支持，所以我们可以把好工具简化来用，这样依然能给我们带来帮助。人才盘点九宫格如图4.6所示。

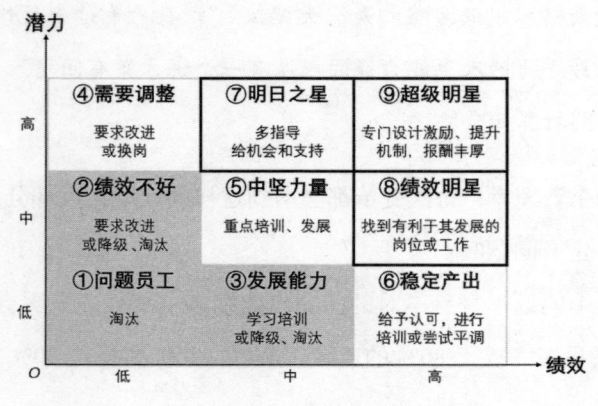

```
         潜力
          ↑
    ┌─────────┬─────────┬─────────┐
    │④需要调整 │⑦明日之星 │⑨超级明星 │
 高 │要求改进  │多指导    │专门设计激励、提升│
    │或换岗    │给机会和支持│机制，报酬丰厚│
    ├─────────┼─────────┼─────────┤
    │②绩效不好│⑤中坚力量│⑧绩效明星│
 中 │要求改进  │重点培训、发展│找到有利于其│
    │或降级、淘汰│         │发展的岗位或工作│
    ├─────────┼─────────┼─────────┤
    │①问题员工│③发展能力│⑥稳定产出│
 低 │淘汰      │学习培训  │给予认可，进行│
    │          │或降级、淘汰│培训或尝试平调│
    └─────────┴─────────┴─────────┘→绩效
    O    低        中        高
```

图 4.6　人才盘点九宫格

潜力：包括成长和学习的意愿、对工作的投入程度、个人特质、综合能力、专业技能等方面，代表的是未来的可能性。如果是小团队，管得比较粗，则可以直接用"能力+态度"代替。

绩效：就是客观成果，要看具体的工作岗位和评估导向。比如，对业务员的评价是收款，收款就是绩效的唯一指标。绩效高代表的是能达成目标的人。

可以将人才从绩效和潜力两个方面的高、中、低划分为九类。

①②③的灰色区域：代表的是淘汰或可以淘汰的人。

⑦⑧⑨的黑框区域：代表的是核心骨干、应该被重点激励的人。

④⑤⑥的中间区域：代表的是潜在骨干，要给予培训、学习、发展、轮岗等机会，给他们安排适合其发挥的工作。

九个格、三个区域，大部分人在中间区域，灰色区域的人一般为10%～15%，黑框区域的人一般为20%。

4.2.4 减：果断下手

没有裁过人的HR不是合格的HR，没有淘汰过员工的管理者不是真正的管理者。淘汰员工是管理者必须经历的。在淘汰员工时，要注意以下几点。

首先，管理者要端正自己的态度，淘汰对应的是"不合适"，不代表对方"不合格"。在人才盘点九宫格中，"问题"仅指在现在的环境中的表现。所谓"淘汰"，是给双方一次重新选择的机会，拖延只会浪费双方的时间。

其次，管理的目的是让现有团队进入良性循环，吸纳优秀、合适的人，淘汰不合适的人，就像新陈代谢。不会淘汰人的管理者，其带领的团队会越来越臃肿、低效。

最后，管理者无须表演太多内心戏，员工的内心其实非常明白。管理者唯一要做的是合情、合理、合法地处理，让双方好聚好散。

问题场景：他跟了我很久，很努力，但就是做不好，再给一次机会？

小王跟着小明很多年，在团队刚开始建立时就有他的身影。在今年的人才盘点中，小王进入"问题员工"的行列，按照规定是要被淘汰的。

小明拿着被淘汰人员名单,内心非常纠结。想起草创阶段,小王不辞辛苦地加班,从抬桌子到安网线,随叫随到。这些年,他也是任劳任怨,哪里需要就去哪里。只是现在团队有规模了,开始正规化,小王也上年纪了,能力跟不上,新东西就是学不会。

小明把小王叫到办公室,不知道该怎么开口。想了想,打算听听小王的想法。

小王来到办公室,坐到小明对面,抢先开口:"我自己知道,你不用为难。"

小明要不要再给小王一次机会?现实中的小王不一定会先开口,但现实中的管理者仍不忍心做这个决定——也不是养不起。

这样做对吗?有没有其他方法?那些方法都是针对选出可以淘汰的人和必须淘汰的人应该怎么处理,但淘汰人只有一个态度:果断。

站在管理的角度,小王必须被淘汰——哪怕在淘汰之后,给予其适当的帮助、扶持、补助等。管理者守护的是一艘船,会有不同的人上船、下船。所谓管理者要跨过淘汰人这一关,主要是指跨过"情感"这道坎。那么,如何淘汰呢?可以参考下面这个工具。

实用工具:强制分布

将团队成员的绩效按照 2:7:1 的比例排列,选出 20% 的高绩效人员、70% 的良好绩效人员、10% 的低绩效人员。而 10% 的低绩效人员需要被降级或淘汰。

在实施强制分布时需注意以下几点。

首先，该方法要强制执行，必须按照这个比例将人员分类。不管是全体优秀还是全体一般，都必须打破"大锅饭"的模式，对其中优秀的人员进行奖励、对低绩效的人员进行处罚。

其次，必须有人被淘汰，一般是后 5%～10%。

再次，这是一个相对的概念，应先从高到低对绩效进行排序，然后按照比例实施。哪怕分值相差并不大，仍需要按照对应的措施处理。

最后，强制分布有非常大的局限性，很容易脱离实际的经营情况，破坏团队的氛围，实施久了容易陷入形式主义。

所以，强制分布适用于团队"新陈代谢"循环的建立阶段，此时将其作为第一推动力是合适的。当团队进入良性循环之后，管理者也成熟了，可以取消强制分布，更多地使用人才盘点九宫格。

4.3 用团队活动凝聚团队

团队活动有两种：一种是团队建设，另一种是"战役"——开展阶段性项目。员工不一定都愿意参与这两种团队活动，但在开展活动的过程中，每个人都会被打动，人与人之间会发生化学反应，起到凝聚团队的作用。

4.3.1 团队建设：周末想休息，不想参与团队建设，不搞活动行不行

最近办公室里死气沉沉，正好接下来需要冲刺，很有必要搞一次活动，提振一下士气。小明在团队群通知周末开展户外团队建设，群里一下子热闹了：

"能不能改时间啊，最近工作太累了，周末想休息。"

"团队建设也不是工作啊，我不想去了。"

"咱们的团队关系还是蛮好的，没有必要搞活动吧？！省点钱买点吃的多好啊！"

这是一个很现实的问题。以前在周末安排团队建设，大家都能来，并且很愉快地玩耍，为什么现在就不行了？是不是现在的年轻人"太作"了？

管理者都是从员工过来的，可以回想一下，如果将你当初参与的团队建设安排到上班时间，你会不会更开心一点儿？因此，管理者在安排团队建设时应注意以下几点。

首先，进行团队建设的目的是提振士气、凝聚团队，并不是一项按时间排下来必须完成的工作，不可本末倒置。如果团队士气很好、团队成员很团结就可以不安排团队建设。

其次，团队建设最好不要安排在周末，否则会适得其反。这其实是反向推动管理者思考团队建设的意义和价值。管理者应该看重团队建设的质量，而不是单方面牺牲员工的时间。

再次，小团队的团队建设主要落在工作中。小团队人少，人和人之间的连接多，就可以少安排团队建设。如果一定要安排，就穿插一些娱乐等小型活动。

从次，小团队可以在比较长的时间内（如一年），或者在关键成果完成的时候（如完成了年度目标或搞定了某个大客户），安排一次外出活动，其中穿插半天到一天的团队建设，并且将团队建设交给第三方专业人员安排，寓教于乐，以达到事半功倍的效果。

最后，安排团队建设是为了改善团队的状态，如果一开始就被大多数人反对，那不建议做。

4.3.2　团队建设的三种类型

团队建设有三种类型：新人入职、假玩真学、真玩。

1. 新人入职

每个新人的融入都是一次团队建设的机会。管理者要抓住这个机会，营造仪式感，以建设团队。

新人入职有两个时间点。

首先，每个新人在入职时都要走一遍仪式。仪式一般包含正式的仪式和非正式的仪式。正式的仪式有正式的流程，非正式的仪式一般有聚餐、娱乐、聊一聊等。

从团队建设的角度来讲，入职的仪式主要包括：办理入职手续，讲解公司制度，签订劳动合同，领取办公用品，认识各部门（或相关的部门），在部门内部集体欢迎（包括主管主持，新人自我介绍，团队成员依次自我介绍和握手，主管介绍团队的文化和新人期带领的师傅，沟通接下来的培训安排）。整个过程必须是正式的、有仪式感的。

其次，一周、一个月、三个月、六个月，主管和人力资源部经理进行新人访谈。

2. 假玩真学

员工反对周末开展的就是这种团队建设——借着玩的名义开展培训。大家都知道是去干什么的，不如坦坦荡荡、开诚布公，将团队建设放在工作时间，让员工全身心地投入，这样的效果会更好。

这类团队建设是有用的，并且有一定的针对性。如果组织者具备一定的专业能力，则这类团队建设的效果会非常明显。

常见的假玩真学活动有军训、拓展活动、野外体验（如徒步、扎营等）、经营游戏（如商业模拟沙盘等），各有优缺点及适用范围，如表 4.5 所示。

表 4.5 常见的假玩真学活动对比

常见的类型	优缺点	适用范围
军训	优点：强调纪律和执行 缺点：只能改变一时，容易产生逆反心理	基础员工、销售团队（未来会越来越不适合）
拓展活动	优点：在游戏中感受 缺点：没深度，容易变成游戏	基本都适合，一些简单的活动可以在团队内部开展
野外体验	优点：在极限中体悟 缺点：没深度，只有累	不适合经常开展
经营游戏	优点：和工作的贴合度高，直接 缺点：对培训师、参与人员的要求高	游戏与工作有关联度，参与人员有一定的认识，否则没有意义

3. 真玩

这类团队建设有聚餐、唱歌、旅游、下午茶、看电影等。花费不多，可以经常开展，而且由年轻人自己来操作，大家的参与度高。

对小团队来说，在这三类团队建设中，重点是"新人入职"，后两者不一定是必需品。"真玩"的活动，做太多就变成常规品了，因此作为惊喜安排最好。"假玩真学"要根据工作需要来开展，有的需要找第三方机构，有的可以自学然后在团队内部开展。

4.3.3 "战役"：同事关系挺好，合作也顺畅，不用搞这种形式主义的活动了吧

小明出去参加培训，学到一个新词——借假修真。他觉得有必要借着接下来的营销活动，搞一次为期一个月的"战役"，把

团队成员的工作积极性调动起来。

但他内心又有点小纠结：同事关系挺好，也没有什么磕磕绊绊，要不要搞这种形式主义的活动？大家会不会很不适应？到时候别搞得劳民伤财，还没有什么效果，弄得大家怨声载道。

到底要不要搞？要不要问问下属？

切记：管理是一项"形式大于内容"的工作。脱离了形式的管理，会是无效的管理。为什么？因为管理的对象是人、是人性、是人群。

首先，人具有灵活性，人的注意力很难长时间地集中。

其次，人是有惰性的，在舒适区待久了就会不愿意动。

最后，人和人在一起，可以为团队带来张力。

而"战役"就是一群人在短期内，为了一个目标共同努力。"战役"能够借助人和人在一起的力量，在短期内让人保持专注、克服惰性。另外，团队的张力会给人带来安全感和成就感。

所以，"战役"一定要搞，而且要不定期地搞。只有打过仗的团队，才是有张力的团队。

那么，像小明这种情况应该怎么办呢？

首先，做好整个"战役"的策划，对事前的规划、执行的形式、事后的激励都要考虑到位。

其次，找到自己的搭档和骨干，取得他们的支持。

最后，开一场启动大会，把道理和激励措施讲清楚。

4.3.4 "战役"操作手册

开展"战役"有两层目的：其一是通过快节奏、高压力的极限状态，调动团队、锤炼团队；其二是让某项专项工作取得显著成果，如业务部门开展"战役"是为了实现销售目标。所以，"战役"的形式和内容十分重要，两手都要抓。

对于前一个目的，应做到以下几点。

首先，管理者要全身心地投入，上前线去指挥战斗。

其次，最好的"战役"是借助外部的机会，顺势而为，如备战"双十一"等。

再次，启动大会要开到位，道理和激励措施都要讲清楚，以调整团队的状态。

从次，营造仪式感，如喊口号、开早会、办公室氛围装扮等。适当的"鸡血"十分有必要。

最后，贴出排行榜并实时更新，不定期开展阶段性会议。

对于后一个目的，应做到以下几点。

首先，集中力量在短时间内（1～3个月为宜）干一件事，如集中攻一处市场、一类产品、一条渠道等。

其次，搭建"战役"班子，建立竞争机制，设定相应的奖励方案。

再次，公布"战役"期间的工作纪律（一般列出3～5条就可以了），如承诺必须做到、做不到如何惩罚，快速反应和配合、不配合如何处理。

最后，投入资源，把支持部门也调动起来，取得协同支持。

第 5 章 工作安排

新团队到位,工作已经开展一段时间,但小明非常苦恼。要不就是安排的工作没有进展,要不就是大家说工作太忙,致使一些工作安排不下去。总之,部门的工作进展缓慢。小明有种带不动的感觉,怎么办?

小明面对的是工作三大问题:工作安排不下去、安排下去没有执行、执行之后没有很好的结果。解决了这三大问题,也就解决了小明的问题,也就基本能够保证工作完成,同时形成良好的团队氛围,使员工高效、管理者轻松、团队协作。

● 5.1 安排工作

作为管理者,在安排工作时,要学会使用工具,学会科学地交代工作,同时要建立汇报和监督机制,形成安排工作的闭环,然后针对常见的工作进行固化、标准化,提高工作的效率和准确性。这几个部分的内容,实际上是层层递进的关系。

5.1.1 工作管理的好工具：PDCA

对小团队来说，工作管理只需要用一个工具就好了——PDCA。P——计划、D——执行、C——检查、A——优化，如图 5.1 所示。

实用工具：PDCA

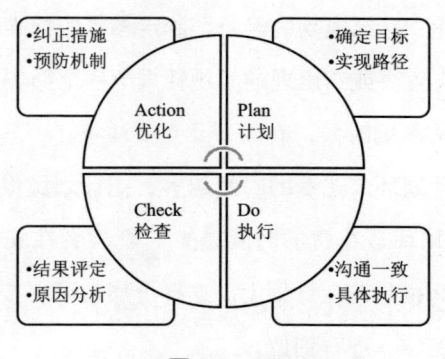

图 5.1　PDCA

PDCA 是工作的四个环节，在操作时可以拆成八个步骤。前四步是计划环节。

（1）分析现状，发现问题。

（2）分析问题中的各种影响因素。

（3）分析影响问题的主要原因。

（4）针对主要原因，制定解决的措施。在这个过程中要问六个问题：为什么要制定这个措施？要达成什么目标？在何处执行？由谁负责执行？什么时间完成？怎样执行？

第五、六步是执行和检查两个环节。

（5）执行，按计划的要求去做。

（6）检查，把执行结果与要求达成的目标进行对比。

最后两步是优化环节。

（7）标准化，总结成功的经验，制定相应的标准。

（8）把没有解决或新出现的问题转入下一个循环中去解决。

在使用 PDCA 的时候，有以下几点要注意。

首先，在计划环节花费的时间越多，把计划做得越透，在执行、检查、优化环节花费的时间越少。管理者在安排工作的时候，主要的时间也是花在计划上。这样下属就可以按步骤一步一步执行，分析到位、理解到位。

其次，PDCA 是一个循环，上一个循环的最后一步是"发现新的问题"，这可以是下一个循环的第一步，这样就能够保证工作持续推进。

再次，每个环节、每个步骤内部都可以有更小的 PDCA 循环。

最后，管理者应要求把计划（含改进计划）、时间表、分工表、备忘录、阶段性成果、检查情况、总结等都用书面记录下来。

按照 PDCA 管理工作，能够保证工作在一个框架内，不会出大问题。但最终能够做成什么样，取决于执行的细节。

5.1.2 如何交代工作

交代工作最容易犯的错误是：自以为讲明白了。交代工作的要点是"下属明白了"，所以交代工作需要站在下属的角度来考虑。可以参考一种方法——五遍工作交代法。

实用工具：五遍工作交代法

这一方法分为以下五步。

（1）管理者先讲一遍，如原因、目的、工作事项等。

（2）让下属将管理者讲的复述一遍，看看管理者讲的和下属理解的是不是一致。

（3）让下属讲一讲为什么要做这件事，需要达成什么样的结果。

（4）跟下属探讨：如果遇到突发事件，他会如何处理？然后讲一讲什么时候需要向管理者汇报、请示。

（5）让下属谈一谈：如果他是管理者，会采取什么方法达成这个目标？

从以上步骤中能够非常清晰地看到，只有第一遍是管理者在讲，其他都是下属在表达。交代工作的核心是"站在下属的角度"，如果他能讲清楚、深入分析，并且反向交代给管理者，那他一定是明白了。

问题场景：下属找各种理由拒绝接受工作，怎么办？

就像小明遇到的情况一样，下属会找各种理由拒绝接受工作，如"工作太忙"。怎么办？

首先，分析下属拒绝的原因，是真的忙不过来，还是觉得自己做得多、拿得少，或者就是不愿意。

其次，针对原因，找解决办法。如果是真的忙不过来，那管理者需要帮他梳理工作，或者找一个更好的工作负责人；如果是内心觉得不公，那管理者需要说明自己这样考虑的原因，假如管理者之前没有考虑到，则需要接受批评并道歉，之后重新考虑；如果是个人意愿问题，那管理者需要尝试与其深入沟通一下，看看有没有可能解决这一问题。

再次，交代的工作不用每一项都与奖惩、绩效、晋升挂钩，但是应该有 80% 的工作与奖惩、绩效、晋升有关，否则就是管理者的问题。

最后，如果下属依然不愿意接受工作，则需要另外安排人来接受工作。除非下属有真实的客观因素，否则应在绩效和人才盘点中予以体现。

5.1.3　建立汇报和监督机制

下属大部分工作完不成，是因为管理者交代之后就不管了。这就像春天种下种子，但中间不管不问，奢望秋天能收获满满，最后一定是妄想。所以，管理者需要做好过程管理，建立汇报和监督机制。

先说说汇报机制。

首先,在交代工作时,必须讲清楚在什么情况下需要汇报,如里程碑事件、突发情况、数据极高或极低时。

其次,约定在工作进行的一定周期内进行汇报,时间长的每周、每个月汇报,时间短的每天汇报。

再次,在公司已有的汇报体系中汇报,如月报、周报、日报,在报告中体现该项工作的开展情况。

最后,视工作大小、周期长短、性质的必要性,决定是否需要提炼指标放入当周或当月绩效中。

再说说监督机制。

首先,对于下属的汇报必须反馈,认真了解进度是否如期,有没有困难、问题,是否需要支持。

其次,如果是跨级安排工作,则需要同步交代给中间层级,并且要求中间层级进行汇报、监督。

再次,对于周期相对长的工作,需要定期、不定期去工作现场了解进度和实际执行情况,如去生产、销售现场,或者查看实际完成的文件、表格。

最后,重点监督里程碑事件,对于没有完成的里程碑事件,需要开分析会,找到原因和问题,然后解决。

汇报机制是下属向上汇报,监督机制是管理者向下监督,只有将两者结合起来效果才最佳。

5.1.4 标准化：把经常执行的工作固化下来

标准化分为以下三步。

首先，把过程文件书面化、表格化，系统整理并归档。

其次，对于临时事项进行备忘登记，建立"备忘登记表"（见表5.1），用于日常事务的更新，包括之前遗漏的事项、发现问题并进行优化的事项、进一步细化的事项、明确的事项等。登记好之后，在总结的时候可以将其作为需要整理、优化、固化的基础资料。

表 5.1 备忘登记表示例

序号	时间	性质	原因	内容	相关主题	登记人	下一步行动
1	2024.1.1	优化	在订单登记流程中信息丢失	根据员工编号、下单日期等信息重新制定订单表中订单号的编码规则	单据销售	小明	召开专项会议

最后，把经常发生的事项标准化。因为这里涉及的是具体事项，所以只需要考虑这一件事、一个流程就可以了。标准化操作表如表5.2所示。

表 5.2 标准化操作表

名称		隶属流程		相关部门	
流程节点	1	2	3	4	5
操作动作					
责任人					
文件					
制定人			日期		

表 5.2 分为三个部分，名称、隶属流程、相关部门为表首部分，制定人、日期为表尾部分，其余各项为中间部分，核心是中间部分。首先，填写流程节点，一般是 4~5 个流程节点（如果超过 5 个流程节点，则可以运用第 11 章"制度建设"的方法进行标准化）。然后，对每个流程节点的操作动作、责任人、文件进行说明。

● 5.2　交叉工作

工作安排中有一个难点：交叉的工作如何安排？我们都知道一项工作只有一个负责人的原则，交叉工作的难点就在于此。这里既涉及部门内部交叉工作的安排，还涉及跨部门的协作。

5.2.1　部门内部交叉工作的安排

团队小，而且没有下属部门，意味着一个人要承担多项职责。如果是小而精的团队，则每个人更是一专多能。工作交叉是常态，协作是常态。管理者在交代工作时，如果涉及职责交叉、转移职责等情况，则应该特别注意以下几点。

首先，只有一个负责人。这是一条铁律，每件事都应该遵循这条原则。同时，必须明确公布负责人是谁，只有这样才能避免误会，减少在人的事情上耗费时间，这是在定人心、定责任、定权力、定利益。

其次，如果安排的工作涉及其他人的职责，则应该当面解释清楚。尤其要强调两者的分工，不能和稀泥。如果不需要对方承担职责，那么要明确说明在这件事上，对方不用参与或协助，具体职责由某某承担，以及除该项工作外，应该如何安排。

再次，一项工作的成果受到几个人的影响，甚至每个人都具有决定成败的作用，怎么办？有两种常见的办法。一种是通过工作分析，把这几个人的工作串联在一条流程上，由每个人负责一个环节，下游接收上游的反馈，依次类推。另一种是成立项目组，拉一个人做负责人，作为总协调。

最后，要在部门内部营造协作的氛围。分工是为了人的成长，大家都成长起来了，就需要协作了。这是大趋势，符合人的成长逻辑。协作才是打破责任墙、部门墙的"灵丹妙药"。

5.2.2 跨部门的协作

部门内部的工作和跨部门的工作最大的分别是：对于部门内部的工作，管理者能够掌控；对于跨部门的工作，管理者需要去协调、沟通。涉及跨部门的工作的时候，有时候会存在分工不明确，导致各方"踢皮球"的现象。假如管理者在安排部门内部的工作时，涉及跨部门的协作，或者在执行过程中，因为其他部门的配合问题，导致工作延期，应该怎么办？

首先，要与其他部门的管理者达成共识，包括计划、分工、责任人、时间、衡量标准、原则。

其次，双方管理者和具体工作的对接人要针对确认的共识进行一次"五遍工作交代"。

再次，建立双方部门定期沟通机制，这不一定需要双方管理者的参与。

从次，确定重大情况协作处理机制，这一定需要双方管理者的参与。

最后，所有的过程文件经双方部门签字确认。

跨部门的工作安排，基础是协作，这是必须确定清晰的。跨部门的工作应该由管理者带头并建立协作的基础，下属再在这个协作平台上开展工作。

5.3 复盘：做好总结是前进的阶梯

管理是管理者工作的基础，也是其每天面对的工作。很多管理者会把工作做成流水账，但其实这样做是不对的。因为随着时间的推移，人的成长会有差异，工作亦是如此。所以，管理工作的关键在于复盘。复盘能让人沉淀经验、积蓄能量，从而走得更快、走得更远、走得更高。

5.3.1 只有完成复盘，事情才画上句号

小明和大明都是业务经理，二人的资历、业绩都差不多，大明的团队底子比小明的团队底子还差。有相当长一段时间，小明

的团队遥遥领先。最近一年，大明的团队超过了小明的团队，而且双方拉开了一大截。小明每天给团队打"鸡血"、搞"战役"、砸资源，但就是赶不上大明。小明觉得必须找大明请教一下。

大明答应了小明的请教请求，但没让小明过来，而是去了小明的办公室，问了几个问题，和小明团队的小伙伴聊了几句。然后，大明非常笃定地跟小明说："你的管理方式再不变，不仅赶不上我，而且会被淘汰！"

小明吓到了，赶紧问为什么。大明说："你们做了那么久，从来不做复盘，哪里来的进步！"

大部分团队做事的流程是：安排工作，赶紧做，完成了。稍微好一点儿的团队，会在最后加上"表彰"。再好一点儿的团队，会开总结大会，管理者发言情真意切、提纲挈领、高瞻远瞩，下属带着本子唰唰记满满几页。

这就够了吗？

不够！

首先，只有完成复盘，事情才画上句号。上面的几种情况，留下的是一整栋的"烂尾楼"和一地的"垃圾"，这些都是给未来的自己留下的坑。

其次，不走心的总结、没有团队成员参与的复盘，只是形式，不做也罢。总结、复盘有两点尤其关键——坦诚和团队成员的参与，只有这样才能看到事实，才能看得全面，才能找到问题、规律，才能触及本质，才能有沉淀、有进步、有成长。

最后，复盘应该由管理者带头来做，不是为了"以身作则"，而是为了知道真相，为了给团队的成长阶梯铺上扎实的砖头。这都是管理者的责任。

5.3.2 复盘四步骤

（1）回顾目标。首先，回顾目标，看看当初制定的目标并写出来；其次，回顾当初制定的里程碑是什么、计划是什么，把当初的文件拿出来。

（2）评估结果。首先，确认事实结果；其次，对比结果与目标，分析目标是高了还是低了，是做了与目标无关的事情，还是原来与目标有关的事情被忽略了；最后，确认差异。

（3）分析原因。首先，回顾整个过程，有两种方式——一是从头到尾梳理，二是找到关键节点回顾；其次，分析为什么结果和目标会有差异，用5W分析法来分析；最后，找到关键节点、相关事实，以及主观、客观原因，分析出主要原因。

（4）总结规律。首先，通过对原因的分析，提炼出一些经验，并书面记录下来；其次，找到一些之后还会重复的工作，拟定标准化文件；再次，尝试通过事实、原因，寻找一些规律，不要轻易下结论，但可以提出来共同探讨；最后，制订下一步改善的行动计划。

实用工具：5W 分析法

5W 分析法就是连续问五个"为什么"，刨根问底，找到最深入的问题。举例如下。

问：为什么延期交货？

答：因为生产的单排不过来。

问：为什么生产的单排不过来？

答：因为有一条生产线停了。

问：为什么那条生产线停了？

答：因为有一个零件坏了，现在要等厂家寄零件过来。

问：为什么那个零件会坏？

答：因为员工操作失误。

问：为什么员工会操作失误？

答：因为人手不够，只能让新人上手，但培训没有完全完成。

通过问五个"为什么"，可以得到两种解决办法：一是如果厂家的零件早点寄过来就能恢复生产，从而解决延期交货的问题；二是解决新人上岗培训的效率问题和人才招聘的问题。

5.3.3　复盘的精髓：如果回到过去，会怎么做

复盘首先应用于联想，之后风靡中国企业界。它看上去和西方管理中的总结相似，如 PDCA 中的检查和优化环节。但复

盘比总结更有用，可以这么说，复盘能够把总结中的精髓表述出来。

复盘的概念来自围棋。一局围棋下完，棋手会在事后一个子、一个子地重新布一遍，复演该盘棋的记录。在整个过程中，棋手会问自己几个问题：当时为什么会这么下？当时是怎么想的？如果回到过去，会怎么做？

在这三个问题中，前两个问题非常常见，而第三个问题是复盘的精髓：如果回到过去，会怎么做？事实上，这也是战略复盘经常问的问题。

复盘有以下几种结果。

（1）如果找不到更好的办法，那说明复盘只是浮于表面，此时要重新做一遍复盘。

（2）如果按照新的办法，结果并没有太大的改变，那也要重新做一遍复盘。

（3）如果按照新的办法，结果有所改善，但还是没有达到标杆的水平，那建议重新做一遍复盘。

（4）如果找到新的办法，结果有本质的改变，甚至比标杆水平还好，那恭喜你成长了。

第 6 章　考勤管理

对于工作时间,《中华人民共和国劳动合同法》有明确的规定。这里说的"考勤管理",是在法律框架之内,作为管理者应该如何理解考勤、如何管理考勤。管理者应该回到工作和管理的本源上,去思考考勤的本来含义、其在管理工作中发挥的作用,以及如何让部门更高效地运转。

6.1　考勤是合规性的问题

大部分的劳动仲裁都与考勤管理有关。随着人们法律意识的觉醒,原来粗放式的管理方式已不再适用,且会带来高昂的成本。考勤作为公司、团队合规性的基础,需要好好理一理,保证合情、合理、合规,从源头上解决问题。

6.1.1　公司规定的底线:一份合规的考勤制度

考勤制度很常见,但什么样的考勤制度是合规的呢?

首先,规定要合规。比如,上班时间、加班时间、休假时间等都按照《中华人民共和国劳动合同法》的规定拟定。同时,考勤制度要与奖惩制度相关联，尤其是迟到、旷工和行政处罚级别（如严重违纪）的制度。

其次，程序要合规。如果是小公司，那一份考勤制度需要公示、员工签名同意，才算合规。大公司往往还需要职代会讨论、公示、工会同意，才算合规。在新员工入职的第一天就要为其讲解考勤制度，取得对方的签名同意。

再次，在执行的过程中，要有记录文件、表格，口头约定几乎等于无效。先处罚出通知，后讲人情、柔性处理。

最后，严格按照制度执行，保证时效性，不能制度和执行是两件事，这依然有法律风险。

6.1.2 有的地方实在做不到怎么办

对小团队来说，保证所有的考勤制度都合规可能有难度。比如，刚开始需要投入很多的时间来推动项目，自身资金又有限，只要与团队成员沟通好，这时候是否还需要考虑合规性的问题？

首先，如果本身是大公司旗下的小团队，已经有相关的制度和合规的操作，则可以直接执行。

其次，在小公司、小团队内，可以以业务为先导，但要与员工沟通清楚。这时候，小公司、小团队的管理者就必须承担违规的风险。

最后，如果有的地方实在做不到，那相应地，在其他地方就要给员工更大的空间。比如，要经常加班，但又给不了加班费，就不要再扣考勤打卡了，让员工在时间上相对自由点。

6.2 考勤是管理的问题

现在打卡有三种形式：纸质打卡、打卡机、钉钉等互联网软件打卡。第一种越来越少了，钉钉、企业微信、飞书这类互联网软件被越来越多的企业使用，在一定程度上帮助企业实现了互联网化和管理的进一步规范化。正是因为这样，现在人们在面试时很少聊到考勤的问题——感觉没什么可聊的，或者不好说。事实上，加班、"996"之类的话题依然保持着很高的热度。

6.2.1 打卡：有人经常迟到怎么处理

有个老员工最近经常迟到，小明多次与他沟通，但他嘴上答应，行动上依然不改。更坏的情况是，有些新人也被带着开始迟到。小明想把他辞退，但他的业绩又不错，应该怎么办？

有些问题是需要管理者自己想明白的，如员工迟到问题、考勤打卡的尺度问题。我们可以梳理背后的管理逻辑。

首先，如果要综合考虑，就用综合考虑的管理工具。考勤代表的是态度，业绩代表的是成果，按照"人才盘点九宫格"（见图4.6），案例中的这个人应该属于"③发展能力"角色，对于这个人，要么培养能力或调整状态，要么降级或淘汰。

其次，只讲考勤的问题——按制度处理，如迟到扣钱，迟到三次记一次旷工，两次旷工视为"严重违纪"。循序渐进地处理，先掌握主动权。

再次，只讲业绩的问题——思考现阶段想要的是成果还是态度。当下的场景、管理的部门是大背景，在此之下，现在管理者想要什么是最重要的。然后在管理上，一以贯之地执行。想要成果，就留下他，有余地地处理；想要态度，就按制度处理。

最后，分析他能拿到业绩背后的原因，是老客户累积还是个人丰富的资源，是个人能力强还是运气不错？找到关键因素，尝试从长期的角度解决问题，从有利于团队的角度解决问题。

6.2.2 请假：与工作冲突批不批

小明在钉钉上收到一条下属的请假申请，上面写的事由是"有事"。考虑到他最近业绩下滑，小明本来计划今天陪他走访一下市场，现在看来不行了。小明想了想，还是给他打个电话问问情况。

没有手机 OA（办公自动化）系统的时候，员工要请假，需要打一张"请假条"，拿去找管理者审批。现在有了手机 OA 系统，很多员工都不提前报备，直接就提交申请，这样做有时候会打乱管理者的工作安排。随着钉钉、企业微信、飞书等互联网软件的做大，这个问题不仅困扰着小明，更是所有管理者需要面对的问题。

怎么办？

首先，可以在制度上约定"没有通过电话、微信取得主管同意的请假申请无效"，这一条是为了解决沟通的问题。临时有事可以理解，但先口头申请一下，并就工作进行沟通的要求也是合理的。

其次，招进来的员工都是成年人，对方一定是有事才请假的，如无特别的状况，管理者应该批准。每个人都有自己的生活，而工作上谁都可以被替代。

再次，管理者需要重新安排好工作，不要影响工作进度。

最后，管理者的肚量要大一些，员工请假没有事先说明，那就问问，就当是一次对员工关怀的机会，同时提醒对方以后至少要先口头申请一下。

6.2.3 加班：真的可以没有加班吗

加班、"996"之类的话题火了好多年，估计还会继续火下去。对管理者来说，加班不是问题。

首先，没人想加班，包括管理者、老板。加班不仅要增加成本，自己也累。

其次，事实上，不得不加班。我们总把加班视为粗放式增长时代的产物，视为低效率的代名词。这观点对也不对，应该说：加班是低毛利、低技术含量的代名词。所以，要解决加班问题，需要提升技术含量，为客户创造价值，提高产品毛利。否则，加班一定会在事实上存在。

那么问题来了，小团队怎么办？处于转型过程中的团队怎么办？

首先，没有技术含量，就给员工分利。分给员工更多薪酬中的变动部分，让员工有意愿做。如果没有技术含量，并且不给员工分利，还安排加班，不给加班费，那这样的团队没有未来——甚至可能没有现在。

其次，多安排培训，提升员工的能力，提高工作效率，减少加班。培训包括内部培训、外部培训，以及鼓励员工自己上系统课程，并且给予适当奖励。

再次，如果实在要安排加班，还是那句话，短期问题可以沟通好。

最后，管理者的认知要改变，因为时代真的变了。

● 6.3 考勤是企业文化的问题

我们说考勤是合规性的问题和管理的问题，这是从底线往上分析。最终，考勤是企业文化的问题。企业文化是"润滑剂"，没有企业文化的调节，考勤只是一场"算计"。考勤是公司愿景、使命、价值观的表现形式，失去企业文化，考勤只是没有灵魂的空壳。

考勤是员工和公司之间的博弈，算到细处、讲得太多，有点谁输谁赢、寸土必争的意思，这让管理失去了本意。而企业文化恰恰能起到润滑的作用。作为管理者，只有积极塑造、宣讲企业文化，并且身体力行，才能让考勤管理变得容易。企业文化对考勤管理的重要作用体现在以下几个方面。

首先，可以用企业文化筛选同道中人，建立比较好的沟通基础。这样，管理者在设置考勤制度时，员工在提出对于考勤的异议时，都能够给彼此留下余地，站在彼此认同的基础上，沟通、解决问题。

其次，从愿景、使命推到战略、目标，从目标推到计划，再推到成果。这时候再来看成果和态度的问题，就有了高度，考勤管理也就有了方向和立足点。

再次，企业文化会让考勤管理变得有意义和价值，同时能够帮助管理者找到尺度。

从次，管理者应该从企业文化的角度看待考勤问题，从愿景、使命、价值观的角度来思考：针对打卡、请假、加班的问题，应该做到什么程度，是坚决做到位还是给现实留一点儿空间？成本问题、时间问题、人的问题，到最后可能都是企业文化的问题。

最后，如果小团队还没有建立自己的企业文化，则可以和团队成员共同探讨出彼此认可的价值观。再加上所做事业的吸引力，基本上也能够达到与考勤管理相近的效果。

第 7 章　绩效考核

到年底时，小明发现团队成员的业绩达标情况参差不齐：有的做得特别好，并且还在努力冲刺；有的离目标特别远，现在看上去也没有什么办法和方向了。人力资源部经理跟小明说，赶紧试试绩效管理的工具，把过程管好，结果自然不会差。

小明决定去找人力资源部经理请教一下绩效管理应该怎么做。

7.1　考核什么

很多人对绩效考核有误解，或对其敬而远之，或将其视为"鸡肋"。在实际工作中，每个管理者都在自觉或不自觉地进行绩效考核。一位小老板会看营收、利润的增长，据此发奖金，这就是绩效考核。所以，不存在做不做绩效考核的问题，只有会不会科学地进行绩效考核的问题。接下来，我们认识一下什么是科学的绩效考核。

7.1.1　考核营收就是 KPI

绩效管理的工具有很多，从最早的目标管理到平衡计分卡，再到近两年的 OKR（目标与关键结果）。对小团队来说，不用了解那么多，用好 KPI 这个工具就好了。

什么是 KPI？KPI 就是关键绩效指标，其实很多团队都不自觉地使用这个工具,如销售考核营收、利润,生产考核产量、合格率,采购考核费销比、成本下降比率等。在进行绩效考核时,管理者会提出一个考核的指标,这是从工作经验中得来的关键指标,也就是 KPI。

KPI 在实际操作过程中会更科学、更系统。

1. 绩效考核的步骤

在进行绩效考核时,有三个步骤——绩效确认、绩效执行、绩效面谈,如图 7.1 所示。

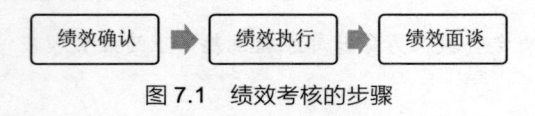

```
绩效确认  ➡  绩效执行  ➡  绩效面谈
```

图 7.1　绩效考核的步骤

(1)绩效确认:与员工面对面确认本次绩效考核的相关事项,同时拟订达成绩效指标的计划。

(2)绩效执行:员工根据绩效指标开展具体工作,管理者通过相应的汇报和监督机制(在第 5 章有具体的建立方法)进行过程控制。

(3)绩效面谈:在本次绩效考核之后,就绩效指标完成情况进行评估、深入交流。

因为绩效是连续的(如以月为周期),所以在进行绩效面谈的时候既要对上个周期的绩效结果进行访谈,又要对下个周期的绩效指标进行确认。

2. 两张表:绩效考核表、绩效执行计划表

完整的绩效考核会有两张表——绩效考核表、绩效执行计划表。其中,比较常见的是"绩效考核表",该表格的核心内容是指标、评分标准、权重、评分,其示例如表 7.1 所示。

表 7.1 绩效考核表示例

被考核人									
所属部门									
考核周期									
考核人									
考核日期									
序号	指标	指标说明	目标值	评分标准	权重	完成情况	评分	数据来源	评估说明
1	月度业绩目标达成率	当月签单目标金额50万元，目标达成率=实际完成金额/目标金额×100%	100%	达成目标100%，为80分；±5%，分数±5分（不足5%，按5%算）	30%			财务数据	
……	……	……	……	……	……	……	……	……	……
系数标准	总分(X)	$X<50$	$50\leq X<60$	$60\leq X<70$	$70\leq X<80$	$80\leq X<90$	$90\leq X<100$	$100\leq X<120$	$120\leq X$
	系数	0	0.5	0.6	0.8	1	1.1	1.2	1.5
考核结果	总分	自评				考核人评			
	系数								

注："总分"一行单位为"分"。

在设计和填写"绩效考核表"时，有以下几点要注意。

首先，指标一般有定性和定量两种，要尽可能量化指标，但不宜对定性指标进行强制性量化，只要有事实支撑评估即可。

其次，指标说明、评分标准、数据来源是否清晰，决定了指标能否被评估，三者缺一不可。

再次，评分标准有很多种，除表 7.1 中的举例外，还可以按照达成率计算总分。

从次，权重代表的是该项工作的重要性。一般而言，每个考核周期应该最多有三项工作的权重明显突出——代表三项主要的工作。

然后，常见的系数的设定方式有两种：一种是按照总分的区间赋予系数，区间可以根据自己的情况设置，但不宜太多——表 7.1 中的区间已经算是多的了；另一种是按照总分除以基准分得出系数。

最后，有时候会设置一些特殊指标，如以安全为指标的否决指标：一旦发生绩效为 0，则设置专项加减指标——在总分的基础上做加减。

"绩效考核表"中的绩效指标涉及的工作，需要依靠"工作计划"去落地。或者说，工作本身有计划表，绩效指标是从工作计划中提炼出来的，然后汇集到一个周期进行绩效考核。

大的计划在第 3 章有专门的说明。如果是相对小的计划，可以用一张简单的表格做登记，即"绩效执行计划表"。比如，尝试根据表 7.1 中的"月度业绩目标达成率"拆分一下工作计划，如表 7.2 所示。

表 7.2 绩效执行计划表示例

工作	目标	完成时间	责任人	里程碑	完成时间	具体责任人	说明
销售	当月签单50万元	2024.6.30	小明	拜访新客户30个	2024.6.15	小明	
				到访客户15个	2024.6.20	小明	
				签单5个×10万元	2024.6.30	小明	

7.1.2 绩效指标的来源及拟定

绩效指标主要来自三个方面。

首先，来自目标，也就是第 3 章"从目标到计划"中的"目标"。基本逻辑是：愿景—战略—目标—计划—指标（任务—指标）。

其次，来自工作职责，这部分内容会在第 11 章"制度建设"中分析。这里有两条逻辑线：一条是职责线，即"公司愿景—部门职责—岗位职责"；另一条是内部的流程线。

最后，来自临时的、短期的、项目性的工作（短期项目）。这需要从关键事项中提炼指标，并将其加入绩效考核中。

绩效指标来源图如图 7.2 所示。

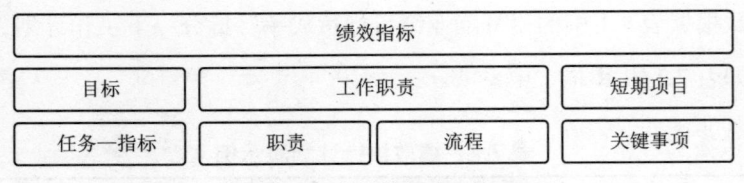

```
┌─────────────────────────────────────────────────┐
│                    绩效指标                      │
├───────────┬─────────────────┬──────────────────┤
│   目标    │    工作职责     │    短期项目      │
├───────────┼────────┬────────┼──────────────────┤
│ 任务—指标 │  职责  │  流程  │    关键事项      │
└───────────┴────────┴────────┴──────────────────┘
```

图 7.2　绩效指标来源图

关于绩效指标的拟定，在第 3 章 3.3.2 节专门提供了两种方法：QQTC 模型和 SMART 原则。这里不再赘述。

7.1.3　贴近时代的 KPI 考核小技巧

为什么现在 OKR 会这么流行？为什么 KPI 在很多场景中不被认可？这主要是因为现在的时代变了，人不再是"机器"，公司必须快速调整才能跟上市场的步伐，如果管理者还是"冷血动物"，就很可能会失去市场。

还好我们是小团队，可以更灵活地开展绩效考核工作。KPI 是一个工具，制定者和使用者都是我们。我们可以用一些小技巧，给 KPI 注入符合时代的新的灵魂。

首先，回到工作，盯住目标。没必要为了绩效指标，忽略了实际工作和目标。如果绩效指标跑偏了，那我们可以纠偏，把新的变化、与目标有关的事项加入绩效指标中。比如，年初做的营销规划是投放电梯广告，到了年中发现行业在新媒体上有了新的变化，那我们可以修改营销规划，确定新的绩效指标。而且，我们可以先试行，待产生实际效果后，再将新的绩效指标固化下来。

先分析事情,把事情分析清楚了再设置绩效指标,这条逻辑线不能变。

其次,在绩效指标的设置上,一个周期一般设置3~5个,如果超过了,则可以合并,或者加入权重,以有所区别。

再次,鼓励设置有挑战性的绩效指标,同时公布针对日常工作、挑战工作的不同评分标准。对于日常工作,做得好是有封顶的,即使全部完成也就是100分;对于挑战工作,哪怕没完成,也可能得100分以上。这个标准要公开,要经常讲。绩效评分参考标准如表7.3所示。

表7.3 绩效评分参考标准

不同工作	系数					
	0	0.5	0.8	1	1.2	1.5以上
日常工作	不合格	完成50%且尽心尽责	因客观原因完成80%	完成后有新的思考和价值	—	—
挑战工作	没有开展	有些进展且想尽办法	取得阶段性成果	完成或未完成但有明显价值	完成且创造价值	超额完成,价值显著

从次,小团队的绩效考核,周期越短越好(如按月考核),以保证快速迭代。

最后,所有人的绩效指标和分数都要在内部公开,以打造透明的绩效环境。

● 7.2 绩效考核与人的关系

在绩效管理中，目标很重要，但从长期来看，人才是最重要的部分。接下来，重点介绍在绩效考核中与人有关的三个问题。

7.2.1 是不是所有人都需要考核

清洁阿姨要不要进行绩效考核？每个月工作内容固定的行政文员要不要进行绩效考核？搬搬抬抬的仓管员要不要进行绩效考核？生产工人要不要进行绩效考核？每天要做的事特别多的总经理要不要进行绩效考核？事情杂乱零碎的总经理秘书要不要进行绩效考核？

绩效考核有四个目的：打开工作的"黑箱"；让大家的工作聚焦在目标上；区分贡献、实施激励；推动员工不断进步和成长。只要能够实现这四个目的中的一个，就应该进行绩效考核。

换个角度，绩效的概念不仅指分数、系数，更指成果。所以，绩效考核的真正含义是"与成果有关的考核、评估方式"。从这个角度看，事实上，清洁阿姨、行政文员、仓管员、生产工人等都要进行绩效考核，而且是 KPI 考核。比如，清洁阿姨的"卫生巡查表"要和工资相关联。

绩效考核是非常包容的，但最开始实施的时候，难免会被认为是为了扣工资、盯着工作。所以，绩效考核要循序渐进。我们的目标是"人人都被绩效驱动"，但可以先找到相对容易产生成效的岗位进行绩效考核。这个岗位可能是核心岗位，也可能是边缘岗位，关键在于通过绩效考核能够取得很好的成效。

最后，根据实际的实施情况，一步步推进，最终做到"人人都被绩效驱动"。

7.2.2 要不要和工资相关联

绩效考核的驱动力有两个：目标和激励。而在激励中，工资是非常大的一部分。假如绩效考核不和工资相关联，那绩效考核的驱动力就只剩下"目标"。这就相当于，我们每个月做的绩效考核的驱动力，来自以年为周期的目标，或者来自员工对事业自发的热爱。

所以，绩效考核一定要和工资相关联，且关联度越高，绩效考核对管理者的作用越大。在逐步形成绩效文化之后，团队会聚焦目标，管理会变得非常高效。

只有给绩效高的人才更高的工资，才是公平的，才能为高质量发展打下人才政策基石。

7.2.3 如何平衡绩效考核与人际关系

这是一个很现实的问题，有时候绩效考核的结果和个人的贡献不完全相符。这里有两种情况。

一种情况是，在复盘时发现"做了与目标无关的事情"，或者"与目标有关的事情被忽略了"，而且这可能是因为管理者根据实际情况做了调整。怎么办？

还有一种情况是，被考核人平时表现得很好，但绩效就是没有做好。怎么办？

上述两种情况不同。这里介绍一个指标，以便为管理者提供操作的空间——设置一个权变指标"上级评估"，权重为20%～30%。

"上级评估"指标说明：首先，由员工对自己在该周期的表现做出综合评价并进行评分；其次，管理者根据员工在整个周期的整体表现，以及员工的自评给出评价，指出做得好的和做得不好的部分，以及成长的瓶颈在哪里，并进行评分。

"上级评估"衡量标准：管理者的主观评价，可以有较大的浮动。

"上级评估"这个指标是一个缓冲带。尤其是在绩效考核实施初期，管理者会遇到各种问题，如果太强硬地推进，则可能遇到非常大的反弹，从而导致绩效管理的失败。因此，管理者可以应用这个指标进行缓冲。

回到上述的两种情况。

第一种情况很简单，用"上级评估"调节就可以了。

第二种情况相对复杂，有两种解决办法：一种是用"上级评估"调节，先缓冲；二是如实评分，然后在"人才盘点九宫格"中进行处理。

通过上述内容的介绍我们能够发现，对于人的问题有很多办法可以处理。但人的问题还是要回到人上才能从根本上解决，这也是绩效面谈的意义和价值。

7.3 绩效面谈

小明终于在本部门实施了绩效考核，经历了从最开始的大家意愿不高，到绩效取得改进。现在，绩效考核对工作的推动作用变得很小了，大家在面对绩效考核时都十分应付。

小明再次找到人力资源部经理。

人力资源部经理问小明："每次你的绩效考核是如何实施的？"

小明："绩效指标和绩效考核表都有，而且绩效指标都是量化且客观的，没有太多探讨的余地。每个月一到时间，绩效考核结果就出来了，之后公布给大家。"

人力资源部经理："你会不会跟员工聊一聊？"

小明："会花点时间和大家确定下个月的绩效指标。但大家都很忙，我们的工作效率很高。"

人力资源部经理："你们会拿出半小时来针对上个月的绩效结果进行深入的交流吗？"

小明："不用那么长时间吧？！"

人力资源部经理:"绩效面谈是绩效考核的精髓,只有做好这项工作,绩效考核才有成效。接下来我跟你重点说说。"

绩效考核的设计阶段非常重要,包括绩效指标、绩效实施范围、周期、工具、流程、整体的管理制度。其中,绩效考核的精髓在于绩效面谈。绩效考核就像一道美味的菜品,前面的设计阶段就像菜单设计、人员配置、设备准备、材料采购、日程安排,这些虽然很重要,但最终要想让这道菜好吃,还需要有一位大厨用心去烹调。管理者做绩效面谈,就像大厨烹调,决定了绩效考核最终的成效。

接下来,我们从面谈准备、面谈步骤两个方面说明绩效面谈的具体实施过程和注意事项。

7.3.1 绩效面谈的准备工作

在开展绩效面谈之前,管理者需要准备以下内容。

首先,准备"时间",即管理者和员工的时间,尤其是管理者的时间。管理者不能像小明一样,以为算出来结果就行了。管理者即使再忙,这个时间也是必须拿出来的,而且最开始至少半小时。只有双方形成了工作默契,而且评价标准一致,这时候在进行月度这样的短周期绩效面谈时,才可以把时间控制为10~20分钟。也就是说,绩效面谈的时间至少要达到10分钟。

管理者时间问题的背后是管理者的认知问题。管理者必须面对的一道坎是：每个月同每个员工就成长、发展问题深入聊一次。只有做到这一点，才能叫重视人才。对管理者而言，绩效面谈是很好的机会，是磨炼自己的管理能力、关心员工成长的机会。管理者应先强迫自己做，一点点去体会。

其次，准备"事实"，即每项行动计划的完成情况，每项指标的计算结果，每项工作涉及的关键数据、事实、文件、指标，还有员工的月报、周报、日报。做得再细一些，还可以包括职能部门的考勤、财务等数据。另外，还有管理者通过"走动管理"，在现场看到的、听到的、经历的情况，这些都是事实。

实用工具：走动管理

"走动管理"一词出自汤姆·彼得斯的《追求卓越》。书中提到，管理者的职位越高、越脱离一线，越需要离开自己的办公室，花费一半时间去走访市场、拜访客户、核查工作、追踪改善进度。

管理者通过走动前往现场，借助敏锐的观察力去看、去搜集信息、去了解实际情况，再通过沟通了解一线、传递公司信息。管理者出现在现场，可以给员工加油，给他们支持和协助，甚至在一定程度上可以参与一线的工作。

我们评价一位员工，一定要从事实出发，所以过程文件非常重要，实际发生的情况更重要。如果没有过程文件，那最好找人侧面了解一下事实。然后，根据这些事实，尝试为员工打分，对员工进行评估,准备一些问题。

最后,准备"心态"。人和人之间的关系,要么近一些要么远一些。在近期的工作中,管理者可能特别看好某个人或对某个人持有偏见。但在进行绩效面谈之前,管理者应该清空这些想法,整理好心态,专心准备绩效面谈。

7.3.2 绩效面谈的七个步骤:聚焦成果和成长

绩效面谈有四个对象:指标、事实、过去、未来。指标是考核的入口和脉络,需要从指标开始聊,只有这样才不会乱。事实是真实的情况,为评价提供准绳。过去是对过往的整体回顾,看看做得好的与做得不好的地方,通过复盘找到成长的空间。未来是目标,也是接下来的行动计划。

绩效面谈包含七个步骤:前四步是围绕指标聊事实,一个指标、一个指标地聊,等总分和系数确定之后,再往下聊;中间两步是复盘;最后一步是拟定次周期绩效。绩效面谈七步骤如图 7.3 所示。

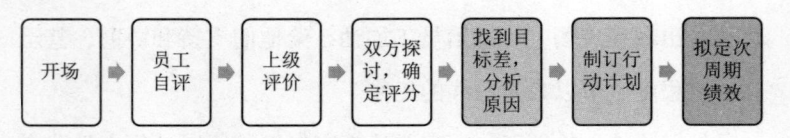

开场 → 员工自评 → 上级评价 → 双方探讨,确定评分 → 找到目标差,分析原因 → 制订行动计划 → 拟定次周期绩效

图 7.3 绩效面谈七步骤

1. 开场

开场的目的是让气氛缓和、活跃,所以开场白需要根据对象来设定。有一点要特别注意,虽然面谈的目的是让双方打开心扉、坦诚交流,但一定要强调这是正式的面谈,避免双方处于随意、非正式的状态。举例如下。

管理者:小王,来,坐吧,最近工作忙不忙?

员工:还好还好。

管理者:我记得你挺喜欢看球,昨晚中国队的比赛看了吗?

员工:我不看中国足球好多年了。

管理者:同感同感。我这次找你是想跟你探讨一下上个月的绩效,大概需要半小时。

员工:好的。

2. 员工自评

在这一阶段,应该让员工先聊,方法是"围绕指标聊事实,先评分再说感受",这个过程需要管理者用提问的方式来引导。管理者一般可以通过以下这些问题来引导。

(1)这个指标的完成情况怎么样?

(2)这个数据有没有原始资料?我了解一下。

(3)这件事情当时有没有计划?计划都如期完成了吧?

(4)看起来完成得不太好,遇到了什么困难?想了什么办法?

（5）做得还不错啊，有没有想过再加把劲做得更好一些？

（6）关于这个指标，你给自己打多少分？为什么？

（7）就这件事情来说，你感觉自己做得怎么样？满不满意？开不开心？

3. 上级评价

接下来是上级评价，方法也是"围绕指标聊事实，先评分再说感受"，但与员工自评有一点差别，这里要多聊管理者的评价和员工自评存在差异的地方。这一点背后应该是管理者的立场、认知、思考、掌握信息的深度和广度的不同。

在员工自评的时候，我们希望听到更多坦诚、真实的表达。而在上级评价的时候，管理者要注意维护员工的自尊心。所以，管理者在表达个人意见的时候要相对委婉，但这不包括事实。举例如下。

管理者：小王，看来上个月为了完成这个指标，你做了不少工作，不容易。在上周的周报里，你提到其中一项任务因为太忙而延误了。

员工：是的，也是因为这个原因，我只有一周时间来做这项任务。

管理者：上个月你做了那么多工作，最后却因为其中一项任务延误，导致整个指标没有完成，很可惜啊！为什么当时没有提前安排这项任务呢？

员工：那时候我在做另一个客户的单子，同事叫我帮忙，忙着忙着就忘记了。

管理者：你说的是帮小李报价的事情吧？

员工：是。

管理者：我们一直鼓励同事之间互相帮助，但有一个前提是完成了自己的工作。这个指标最终没有完成，非常遗憾。但你在前两部分达到了很高的完成度，所以我给的评分是75分，比你的自评分数低了5分。我之所以给这个分数，主要是考虑这件事情没有完成，不是因为你去帮忙，而是因为你对自己的工作缺乏计划性。如果你能够做好规划，在时间上安排好，那这个指标是完全可以完成的。这一点一直是你需要提高的地方，如果你做好这一点，那你的工作会有质的飞跃。

4. 双方探讨，确定评分

只要做好员工自评和上级评价，基本上就不会有问题，但现实中难免会对评分、事实的认定出现偏差。管理者在处理这些偏差问题的时候，要注意以下几个原则。

首先，管理者有偏差的要改正，员工有偏差的要明确态度。依据事实情况，管理者要坚持应该坚持的，改正应该改正的。

其次，管理者需要持包容的态度，不要陷入细节的漩涡。除了特别严重的问题，只要不影响定性的评价，都可以适当让步。比如，绩效面谈的重点在于成果和成长，这是定性的，不能否定。对于事实的认定有几分偏差，有时候也可以适当让步。举个例子，同样是没有完成指标，系数都是0.8，员工评分79分，管理者评分75分，只要不影响排名，就不要太纠结。

再次，绩效面谈要围绕事实展开，不要在借口上纠缠。如果有员工不了解的情况，则可以适当解释说明。

最后，如果无法达成一致意见，则以管理者的评价为主——可根据第二个原则适当调整。

围绕所有指标谈完，得出总分和系数，接下来就可以进入复盘环节了。

5. 找到目标差，分析原因

复盘有四个步骤：回顾目标、评估结果、分析原因、总结规律。其中一部分工作在前四步已经完成了，接下来主要回答下面十个问题。

实用工具：绩效面谈之复盘十问

（1）还记得目标吗？目前的进展是否如期？

（2）到现在应该完成哪些计划？完成情况如何？

（3）绩效指标是不是围绕目标拟定的？有没有需要调整的地方？

（4）为什么目标达成情况是这样的（5W分析法）？

（5）只要解决了这个问题（上一问），就能让目标更好地达成吗？你有什么建议吗？

（6）针对之前完成的这些工作，你觉得自己做成了哪些事情？有哪些地方值得商榷？

（7）你有哪些经验或教训可以帮助别人，避免大家再多走弯路？能不能分享一下？

（8）你觉得自己有成长吗？你在哪方面取得了进步？是什么让你成长了？

（9）针对目前遇到的这些变化，如果让你回到当初，重新制定目标和行动计划，那你会怎么做？

（10）根据现状，你会如何调整行动计划，以保证目标的达成？你需要什么支持？

这十个问题不用都问，具体要看实际沟通的情况。核心是围绕"目标、成果、成长"三个方面进行沟通，引导员工进行思考。如果目标达成情况不尽如人意，就要马上调整；如果目标达成情况非常好，那可以思考有没有可能承担更多。

这才是复盘在绩效面谈中应有的价值。

6. 制订行动计划

经过上面五个步骤，基本上聊得非常深入了，接下来的行动计划主要与目标有关。在第五步沟通完成后，能够得出几点改善的意见。根据改善的意见稍做拆分，可以形成新的行动计划。具体方法可参照表7.2。

7. 拟定次周期绩效

拟定次周期绩效的方法可参照本章 7.1 节的相关内容。额外需要权衡的还有以下三点。

首先，经过本次绩效面谈，了解指标有没有需要调整的地方，可以现场沟通。

其次，思考第六步制订的行动计划中有没有需要加入绩效考核的内容。

最后，所有绩效指标的调整均需要沟通，管理者和员工尽可能达成一致意见。

第 8 章 激励员工

到这里,管理者的前期工作基本完成了,接下来进入设计和执行阶段——对于结果部分的安排。首先从激励开始。

每个管理者都很重视激励的工作,其思考路径是这样的:最初是"要对员工好",然后是"不惩罚不长记性",接下来是"奖惩无用、进退两难",最后痛定思痛,开始思考"人性的趋利避害",从此进入一个"过一段时间就卡壳,然后重启"的怪圈。

管理学科是舶来品,基础是科学和实践。接下来我们就基于这两个基础,从三个方面分析一下激励员工的作用。

● 8.1 现在:明确奖惩

"萝卜和大棒"是很多人不自觉使用的两个与外界相处的工具。对我好的人,我也对他好;对我不好的人,就拿大棒赶。最初的管理方式也是这样的。在做事前,用萝卜引诱、用大棒恐吓;在做事过程中和做完之后,用萝卜奖励走得快的员工,用大棒惩罚走得慢的员工。

这是奖惩的基础逻辑，下面的分析都是基于这个基础逻辑而展开的，尤其是一些常见的具体问题。

8.1.1 奖惩的均衡点：是再多一点儿奖还是再多一点儿惩

项目完成了，公司给了团队 10 万元的奖金，由小明来分配。

小明回想了一下项目的实施过程和考核结果，发现每个人的贡献不同。有的人对项目的成功起了决定性作用；有的人有没有都不影响；还有的人虽然非常努力，但是搞砸了自己负责的那部分，导致团队额外付出了代价才保证项目得以完成。

对于做出贡献的人应该给予大大的奖励，而对于没有贡献的人是奖励还是惩罚？对于将项目相关内容搞砸了的人要不要惩罚？在整体的基调上，是强调奖励的部分，还是强调惩罚的部分？

考虑了好久，小明觉得既然项目成功了，那就以奖励为主，奖金人人有份，只是金额略有差别。

分配奖金时大家都很开心，也没人让小明犯难。

但第二天，对项目贡献最大的小王过来找小明了："明经理，为了做成这个项目，我累死累活，天天加班，而且最大的客户是我拉过来的。小张每天什么都不做，还时不时冷嘲热讽。最后他拿了 6500 元，我才拿了 15 000 元，这有问题啊？！既然这样，以后我也'躺平'得了！"

这个案例中的第一个问题很容易被看到：小王只分了 15 000 元。其实这里还涉及好几个问题。

首先，有多少人拿奖金？小明作为管理者拿不拿？

其次，小王应该拿多少？

最后，小张应该拿多少？

对于这几个问题，不同的管理者有不同的想法和办法。例如，看看之前是怎么分配的，或者管理者少拿点、员工多拿点，或者把小王和小张的差距拉到最大，或者不给小张奖励。

这些办法对不对？

都对，但也都不对。这些办法背后代表的是奖惩的均衡点问题，而这个均衡点在每个团队、每家公司、每个项目中可能都不同，重点是找到背后的逻辑。这就要应用一个工具——强化理论。

实用工具：强化理论

这是心理学中的一个理论，能帮助我们看明白奖惩的底层逻辑。

大家都很熟悉巴甫洛夫的"条件反射实验"。每次在给狗喂食的同时摇铃铛，当狗看到食物时，会流口水。在经历几次食物和摇铃铛同时出现之后，不提供食物，只是摇铃铛，狗也会流口水。

这个实验的背后就是强化理论。该理论由美国心理学家斯金纳提出。强化理论是指人或动物为了达到某个目的，会采取一些行为，如果结果对其有利，这种行为就会重复，如果结果对其不利，这种行为就会减少或消失。基于这个逻辑，我们就可以采用正强化或负强化的办法来影响人或动物的行为结果，从而调整其行为。

正强化可以简单理解为奖励，负强化可以简单理解为惩罚。

所以，奖惩不重要，重要的是要达到什么目的，重要的是希望员工以后的什么行为不断重复、什么行为不断减少或消失。

回到案例中：

首先，小王的行为应该强化、重复。

其次，小张的行为应该减少或消失。

也就是说，应该给小王足够的正强化，给小张一定的负强化。

虽然案例中还有许多细节资料我们并不知道，但可以尝试写一个奖金分配方案，如表 8.1 所示。

表 8.1　奖金分配方案

单位：万元

名目	名单								
奖金	小明	小王	贡献者2	贡献者3	贡献者4	贡献者5	贡献者6	贡献者7	贡献者8	小张
	3	2	1.5	1	0.5	0.5	0.5	0.5	0.3	0.2

这个方案的逻辑就是强化，强化的方式是采用相对值的概念——小王的奖金数额是小张的十倍。相比自己获得的奖金，大

家更在意的是比别人多多少——"不患寡而患不均"。

在拟定奖惩方案的时候，有以下几点要注意。

首先，奖惩多少不是关键，关键在于要达到什么目的，希望什么重复或更进一步，希望什么减少或消失。

其次，均衡点是偏向奖还是偏向惩，不同的均衡点会营造不同的文化和氛围。偏向更多的奖励、更向上的团队，会营造积极向上的氛围，但容易养出"搭便车"的小白兔；偏向更多的惩罚，会使团队更有杀气和战斗力，但团队成员的归属感会弱一些。

再次，奖惩与文化、管理者的领导风格、目标、当时的场景等方面都有关，归根结底，与管理者有关。

从次，奖惩的重点在于相对差别，这里有一个参考的比例：最好的和最差的至少要相差五倍。

最后，奖惩要公开，要有仪式感，否则就失去了效用。

8.1.2 有效激励：如何让人心花怒放、动力十足

在小明修改了奖金分配方案之后，大家开足马力，一个项目、一个项目地干。年底了，看着今年高高的目标达成率，小明乐开了花。发年终奖的时候，大家特别开心。

结果，发完奖金的第二天，有几个骨干找到小明，提出辞职。

小明蒙了："不是干得好好的，咱们今年做了这么多项目，目标达成率高高的、奖金多多的，大家也开心。怎么回事啊？"

小王说话了:"领导,跟着你干我没话说,但这不只是钱的事。"

小明:"那还有什么事?你好好给我说说,没关系,我尽量调整。"

小王:"领导,既然你问,我也就摊开说了。团队中,有的人工作不好好做,还在背后指指点点,尤其是带坏了新人。我们不仅要处理工作上的事,还要花时间搞人际关系,心累啊!"

小明:"这件事情我知道,本来准备这两天处理。还有其他的事情吗?"

小王:"公司对我们的工作不重视啊,不投资源,对其他部门的支持力度也有限。今年我们的目标达成率这么高,公司也没句话,明年肯定还要加目标。"

小明:"是不是A公司挖你们过去?"

小王:"确实有这么回事,但是领导,我认你。虽然那边给了我主管岗位,但是只要你能解决这些问题,我就还跟着你干。"

给多少钱是奖惩的第一个阶段。或者说,单一的金钱奖惩是激励的初始阶段。随着团队的成熟、员工年龄的增长,经历的事情多了,每个人的需求会变得更丰富。有些东西不是钱能解决的。

在上面的案例中,有一个大背景:钱给到位了。大部分人对于更丰富的激励方式的认知也是这样的——先把钱给够，再谈别的事情。尤其是近几年，"给钱"好像成了唯一的激励方式，这是一种对多年前"老板只画饼不兑现"的矫枉过正。再过段时间，人们就会回到系统化需求的阶段，因为这是人性。比如，现在的年轻人就有意愿选择离家近一点儿、工资低一点儿的工作，宝妈则希望找时间能弹性一点儿、方便接小孩放学的工作。

这里就涉及一个工具——马斯洛需求层次理论。

实用工具：马斯洛需求层次理论

这是一种非常好用且十分流行的心理学理论，由心理学家马斯洛提出。它将人的需求分为五个层次：生理需求、安全需求、爱与归属需求、尊重需求、自我实现需求，如图 8.1 所示。

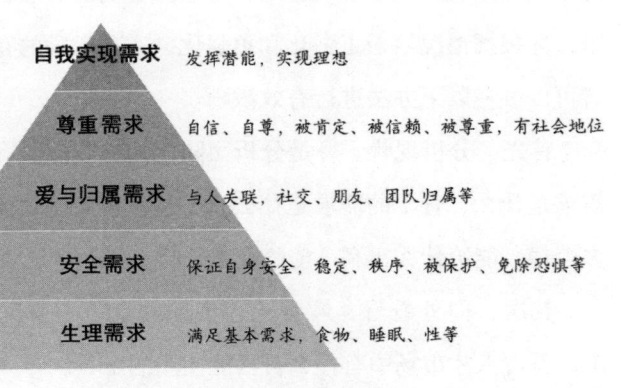

自我实现需求	发挥潜能，实现理想
尊重需求	自信、自尊、被肯定、被信赖、被尊重、有社会地位
爱与归属需求	与人关联、社交、朋友、团队归属等
安全需求	保证自身安全、稳定、秩序、被保护、免除恐惧等
生理需求	满足基本需求，食物、睡眠、性等

图 8.1 马斯洛需求层次理论

马斯洛需求层次理论有三个结论。

（1）人的需求是需要被满足的，需求由低到高排序，总体顺序如图 8.1 所示，但也有例外。人的低一层的需求被满足之后，就会产生高一层的需求。

（2）前三个需求可以通过外部的力量得到满足，后两个需求则要通过内部的因素得到满足。

（3）不同国家、不同时代、不同人、不同时间段的个人主要的需求是不同的。

回到案例中，我们能够看到小王提出的几个问题包括团队归属的问题、尊重的问题、自我实现的问题。要想让小王留下来，小明需要有计划地解决这一系列的问题。

但对于激励的问题，不能等出了问题才去补救，最好的办法是在一开始就进行系统的思考，考虑多方面的需求，把握关键需求，并根据情况给予正强化和负强化，实现激励的有效性。管理者可以参考以下办法进行有效激励。

首先，分析现状。一是分析团队所处的阶段，看看团队的主需求是什么、骨干的需求是什么；二是分析能提供什么，如能给多少钱、能给什么福利、能给什么支持、能给什么平台。

其次，向外看看，看看人才市场的竞争主要聚焦于哪种需求，看看人才市场中有什么自己能使用的工具。

再次，制定现阶段的指导方针文件，并将其作为一段时期内制定激励方案的指导方案。指导方针文件的内容包括以什么激励为主，以什么激励为辅；激励的方向是规模、速度，还是质量；

是需要拉开差距，还是需要兼顾氛围和团队的稳定性。

从次，根据指导方针文件梳理内部的激励方案，包括对于工作的支持、尊重，以及给予的工作机会。

然后，设计满足需求的产品库。这种产品库是针对需求而来的，可以多种多样。比如，对有小孩的员工来说，怎么接小孩是一个问题，可以和公司附近的托管机构签订合作协议。再如，公司的停车位紧张，可以奖励专属停车位短期使用权。另外，还有上班时间弹性化、建设荣誉体系等。

最后，以后周期性地制定激励方案，根据指导方针文件，多维度地运用产品库。

8.1.3 奖惩的尺度：是管得严一点儿还是管得松一点儿

小明是一位非常有亲和力的管理者，这也让他赢得了员工的跟随。他跟员工以兄弟相称，每次涉及奖励的时候他都尽可能给员工争取，如果出现问题他也会主动承担责任。

这一天，领导找小明谈话，明确表示："小明啊，你团队带得很好，但我希望你的团队能够更有'狼性'一点儿，你要把团队管起来。"

小明："领导，现在我的团队挺好，目标能完成，员工成长很快，气氛也挺好。大家都很自觉，不用太操心。"

领导："我这是提前跟你打招呼，接下来公司会引入'狼性管理'体系，涉及方方面面。需要每天开早晚会，提交表格，主管要加强监督。对于做得好的，要大力奖励；对于做得不好的，要严厉惩罚。保证每月有淘汰人员，留下的都是有战斗力的精英。"

小明："领导，整这么大，没必要吧，要不要再商量一下？这种方式不一定适合我的团队。要不这样，团队的目标可以再高一点儿，我们保证完成。您看怎么样？"

会奖惩、有系统和产品，接下来就是执行细节了。许许多多的执行细节最终组成了这个团队的文化。

前两年提"狼性团队"的企业较多，现在虽然提得少了，但是每个管理者都会面临内心的纠结——是管得严一点儿还是管得松一点儿？

这里也有一个心理学理论——双因素理论，这个理论能够给我们一些帮助。

实用工具：双因素理论

美国心理学家赫茨伯格通过调研、分析，提出了双因素理论，也叫"激励—保健理论"。这个理论将企业中的有关因素分为两种：一种是激励因素，另一种是保健因素。

每个人都有"不满意—没有不满意""满意—没有满意"两对状态。与"不满意"对应的是"没有不满意"，与"满意"对应的是"没有满意"。如果通过一些因素消除了"不满意"，则不能得到"满意"，只能得到"没有不满意"；要想让人"满意"，需要增加能够让人"满意"的因素。赫茨伯格把能够带来"满意"的因素,叫激励因素;把消除或增加"不满意"的因素,叫保健因素。

激励因素包括成就、被认可、有挑战性的工作和目标、成长和发展的机会等。

保健因素包括工资、工作条件、企业政策、管理方式、监督、领导水平、福利、人际关系等。

我们可以套用一下案例中的"狼性管理"。开早晚会、提交表格、主管加强监督等都是保健因素。也就是说,即使这套管理方式做得再好,也只能是"没有不满意"——因为严格的管理可能带来新的"不满意"。(当然,现实中的"狼性管理"还有一部分激励因素,如被认可、有挑战性的工作和目标等。)

回到我们的主题上:在执行奖惩措施的时候,是管得严一点儿还是管得松一点儿?

首先,在保健因素上,可以松一点儿。也就是说,对于工资、监督、人际关系,可以适当松一些,抓关键工作。

其次,在激励因素上,要严一点儿。也就是说,对于有挑战性的工作和目标、成长和发展的机会,要及时提供,跟紧一些,"扶上马,送一程"推动员工的成功和成长。

再次,在实施的过程中,在事上要严,在人上要松。

最后,小团队发挥的主要空间不在保健因素上——毕竟比不过大团队,所以其核心着力点应该是激励因素。这一点要大胆行动,同时要盯紧事、多帮人。

8.2 未来：职业发展的希望

激励一般有两个维度：对于过去、现在进行奖惩；从现在开始努力，建设未来的路。前者经常被称为"萝卜和大棒"，后者则被通俗地称为"画大饼"。虽然部分人夸大且不兑现之前"画的大饼"，导致这个工具现在的名声不怎么好，但是我们不能因噎废食，就此放弃这么好的工具。这也是人性，是人性中渴望成长、拥抱希望的部分。

8.2.1 工作是最大的激励：让职业发展路径和每个岗位更有吸引力

在小王向小明提出辞职之后，其他问题都解决了，只有一个问题不好解决——晋升问题。A公司挖小王过去带团队，但在公司现有的部门编制里，没有主管岗位，除非小明自己调走。

小明只好又去找人力资源部。一开始，人力资源部经理是拒绝的，说没有主管岗位，这是编制问题，要总经理审批。后来，对方听明白小明的意思了，就把研发体系中的一套职业生涯规划体系拿出来，对小明说："现在你提出的这个机制没有纳入规划，要不你先参考这套职业生涯规划体系写一个方案，我们一起探讨一下，再找总经理审批，你们部门可以作为试点。"

1. 让职业发展路径更明确

案例中提到的问题是专业 HR 的工作，作为直线管理者需要了解背后的逻辑，如果能够设计一些简单的职业发展路径就更好了。下面我们从简单的工具及其背后的原则两个方面进行介绍。

实用工具：职业发展路径设计

常见的职业发展路径设计采用的是双通道设计，也就是一条专业线——P 序列、一条管理线——M 序列，如表 8.2 所示。

表 8.2　常见的双通道职业发展路径设计

职级	P 序列（专业线）	转换关系	M 序列（管理线）
10	—	不可转换	总监
9	高级业务专家		高级经理
8	中级业务专家	P=M 可转换	中级经理
7	初级业务专家		初级经理
6	主任级代表		主任
5	副主任级代表		副主任
4	高级销售代表		
3	中级销售代表		
2	初级销售代表		
1	—		

职业发展路径一般包括序列、职级、岗位，以及不同序列之间的转换关系。一般不同的部门在职业发展路径设计上会有差异，但会统一在同一套职级和序列上，只是在岗位上会有差异。

每个岗位都有一张表，包括岗位职责、任职资格、晋升门槛、对应薪酬等。

一份完整的职业发展路径，首先要有职业发展路径设计（见表8.2）。然后，要有一份额外的文件，包括不同职级的薪酬范围，不同岗位的具体信息，晋升的门槛、条件、机制，轮岗的条件、机制等。最后，要有每个岗位的具体工作内容。

小团队的管理者在最开始设计职业发展路径的时候，有几条原则要注意。

首先，能执行一部分就执行一部分，不要过分追求大而全，可以边做边搭建职业发展路径。

其次，设计的重点在于未来，而设计的依据则是现在的基本情况。因此，管理者可以从现实出发，把现有的人和薪酬、职责代入新的职业发展路径，做到形式上的完整。比如，关于任职资格，不要完全按理想状态来设计，否则最后可能导致所有人都不符合资格。

再次，可以找骨干一起探讨，让他们参与设计，这样更合理，也更易执行。

最后，整个过程要公开、透明，否则就失去了意义。

有了这个工具，小明基本上能够把职业发展路径搭建起来了。

2. 让每个岗位更有趣

职业发展路径大部分公司都有，但岗位设计得大多很死板。我们常说"工作是最大的激励"。这句话是什么意思？不是让员工感恩，而是让岗位、工作本身产生吸引力。每个岗位就像一款产品，最高境界是能够把自己推销出去。

重新设计岗位，这是管理者权限范围内的事情，也是其可以做的事情。下面我们先看看岗位内容、岗位职责及设计方法的思考维度，如表8.3所示。

表8.3 岗位内容、岗位职责及设计方法的思考维度

不同方面	思考维度
岗位内容	工作的广度、深度、完整性、自主性、反馈性
岗位职责	责任、权力、方法、沟通、协作、工作关系
设计方法	专业化、扩大化、丰富化、工作轮换、特征再设计、设计综合模型

表8.3中的这些内容都是可以设计的地方和参考的方法，但涉及的方面太多。我们只用其中一种方法对岗位进行设计——丰富化。大部分公司设计岗位的目的都是"通过分工、重复作业，提升专业度"，这样有利于能力的提高和人才的培养、复制，从而提高效率。但按照这个思路设计的岗位，往往容易把人变成螺丝钉，死板而无趣，这与现代人的需求不匹配。因此，丰富化就成为一种行之有效的方法。具体来说，管理者可以运用"工作特征丰富化模型"这个工具。

实用工具：工作特征丰富化模型

工作特征丰富化的目的是激发人的工作动力，提高人对工作的满意度。工作特征丰富化模型是由哈尔曼和奥尔德姆通过对问

卷调查的结果进行分析而总结并建立的模型，如图 8.2 所示。

这个模型由三个部分组成：核心的工作特征、关键的心理状态，以及个人和工作的结果。

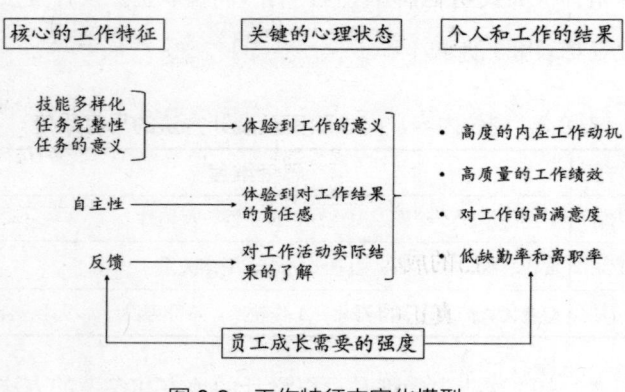

```
核心的工作特征          关键的心理状态         个人和工作的结果

技能多样化
任务完整性     ——→  体验到工作的意义    • 高度的内在工作动机
任务的意义
                                      • 高质量的工作绩效
自主性        ——→  体验到对工作结果
                    的责任感            • 对工作的高满意度

反馈          ——→  对工作活动实际结    • 低缺勤率和离职率
                    果的了解

              员工成长需要的强度
```

图 8.2　工作特征丰富化模型

在这个模型中，最重要的部分，也是管理者能够拿来用的框架，就是"核心的工作特征"。管理者可以从以下五个方面重新设计岗位。

首先，技能多样化。管理者可以让一份工作所需要的、能够应用的技能多样化，如文员不要只会统计数据，也可以学习数据分析、对报告进行诊断。

其次，任务完整性。不要只让某个员工负责其中的一个环节，应该找出一些任务，让他从头做到尾。之前为了提高效率，我们需要分工、开展流水线作业。现在则需要合并一些工作，让员工感受到任务的完整性，只有这样才能使其体会到工作的意义和责任。

再次,任务的意义。这里不是要管理者跟员工口头说,而是要在设计岗位的时候,让这项任务能够对他人的工作和生活产生影响。具体来讲,有四种处理办法:一是与外部对接,即与客户、供应商、服务商产生联系,如让质量控制人员参与客户的售后工作;二是与公司的目标、战略、愿景产生联系,这种办法比较直接且容易实现,核心在于目标的拆分和反馈;三是为社会带来价值,最好的办法是与用户产生联系;四是为自己带来价值,最好的办法是与自己的成长、发展产生联系。

从次,自主性。真正的授权是从岗位设计开始的,而且这里的一些小的授权能够产生非常大的作用,如基于工作的独立性、一定时间内计划的自由度进行授权。

最后,反馈。只有即时反馈才能完成整个闭环。

岗位设计和丰富化的过程应该让员工共同参与,最终形成新的"岗位说明书",同时调整对应的流程,并对员工进行培训。

对小团队的管理者来说,这可以是一些小的调整,积少成多,效果明显。比如:

(1)让工作直接面对客户,或者有面对客户的机会。这里的客户包括部门之外的人。

(2)缩减流程,让整个任务的参与人员在五个人以内。

(3)成立一个关于任务的工作组,并将决策权限下放到这个工作组。

（4）合并工作，在不影响效率的情况下，将一些工作交给一个员工负责。

（5）让某些岗位的员工组织跨部门沟通会。

（6）管理者手中的部分工作可以下放。

8.2.2 执行：为什么员工不关心自己的职业发展路径

职业发展路径和岗位都设计好了，整个过程也有员工的参与，也进行了深入的沟通和培训。但是，在执行的过程中，却发现员工不关心自己的职业发展路径。

这既是信任问题，也是时间问题，更是管理者气度的问题。

因此，管理者应该先行动，带动团队，而不是等员工去做。这句话比较空泛，具体有三种方法。

1. 管理者先行动，带动团队

首先，管理者应该将员工的成长与工作密切结合，并且要经常讲，而且要结合工作讲。不停重复，重复得多了，重视的人也就多了。

其次，管理者可以在一定周期内公布按照晋升标准得出的排名。对于先进的给予表扬等正反馈，对于落后的给予鼓励和指导。

再次，如果需要重新设计岗位，则管理者可以先按照新的工作职责定薪，但要设定考核周期，这样能够使员工更快地熟悉新的工作内容。

最后，树立标杆。管理者要尽快让团队中优秀的人才涌现出来，树立起榜样并兑现承诺。

2. 我的事业我做主：职级与工作自主性的结合

在设计职业发展路径的时候，一般都会设定相对高的晋升门槛，经过主管的评定、人力资源部的审核、总经理的审批，最后才确定晋升。每多一层审批、每多一个环节，执行的过程就慢慢变成了没人看得懂的"黑箱"，充满了不确定性，而激励的效果也被一层层削弱了。

如何才能在不增加预算的情况下放大绩效的效果呢？

扔掉"黑箱"，去掉审批，把晋升的主动权交给员工本人。

这个方案听上去非常冒进，但其实很多公司都在用，而且效果非常明显——尤其是小团队。当管理者把晋升的主动权交给员工本人的时候，他要为自己的未来负责，要努力达成目标，对照着晋升标准开展工作。在这个过程中，员工会思考、会学习、会沟通。

那么，具体应如何实施呢？实施的方法如下。

首先，把职级中相对基础的部分拿出来，把晋升条件量化、明确化，只要达到标准就可以晋升。

其次，设定晋升评定周期，如一年、半年、一个季度、一个月。

再次，设计晋升、降级的机制，有上有下、标准清晰、过程透明。

最后，约定制度修订周期，先试行，后修订。

3. 兑现承诺，相信时间的力量

以上两种方法都是积极的方法。如果员工还是不关心自己的职业发展路径，那说明还有消极的原因：管理者不兑现承诺。这一点伤害特别大，需要非常长的时间去弥补，因此管理者一定要避免。

机制设计好之后，就交给时间，在不断循环中，效果会越来越明显。

8.3 即时反馈：好玩又有效

激励的问题，首先是成本的问题，然后是工作本身的问题，最后是年纪的问题。前两个问题已经解决了，那什么是年纪的问题呢？

年纪的问题的解决，需要一颗年轻、充满热情的心塑造一个有趣的人。这是所有激励中，最经济、对年轻人最有效的方法。

8.3.1 即时反馈：发了那么多奖金，为什么比不上人家的一句表扬

小明又遇到问题了。整个团队的岗位设计调整完成后，骨干留下来了，但还是走了一个很有发展潜力的年轻人。

小明："为什么走？"

年轻人:"虽然那边给的钱没这边多,但那边看上去更有眼缘。"

小明:"什么叫有眼缘?"

年轻人:"面试的时候感觉很愉快,没有什么隔阂,而且对方对我大加赞赏。"

....

小明遇到对手了。这个对手有一颗年轻的心,不仅了解年轻人的世界,还会用即时反馈——这两点都是小明的"死穴"。

怎么办?

本节我们先帮小明解决即时反馈的问题。不只是年轻人接受即时反馈这一套,其实每个人都接受,只是现在的年轻人没有耐心、没有必要等——毕竟他们不缺选择。就像快递早到一分钟是惊喜,晚到一分钟是煎熬。

那么,什么是反馈?反馈就是对接收到的信息予以回复。一般回复的内容各式各样,有的仅表述"收到了",有的会进行评价,有的会提建议或意见,还有的会积极地参与讨论。这里讨论的反馈不包含"收到了"这类反馈,而是指有内容的反馈——评价、提建议或意见、积极地参与讨论。

在开始探讨之前,管理者需要说明反馈的唯一原则:真诚。反馈不需要虚情假意地迎合,也不需要为了表扬而表扬的形式主义。管理者要直面事实,有责任将事实告知员工,可说可不说的要说,不可说的也要说,但可以委婉地、通过不同的方式表达,总之一定要保证把事实讲清楚。

反馈分为以下两种形式。

1. 短反馈：三五反馈法

"三五反馈法"总结一下就是三句话：在五分钟之内给予反馈，且反馈的内容也在五分钟之内，每天至少反馈五次，正反馈的数量是负反馈的五倍。

首先，短反馈的核心在于短，所以这类反馈越早越好，最好在接收到信息的五分钟之内给予。同时，反馈的内容应该在五分钟之内讲完。短反馈强调的是快速、高频，马上给予是关键。如果还有补充，那可以再找对方。如果需要进行一次长反馈，那可以另外再处理。

其次，每天至少反馈五次。管理者每天要经手各类事情、跟许多人打交道，给予五次反馈是非常容易的，这有助于养成良好的工作习惯。

最后，正反馈的数量是负反馈的五倍。这一点要稍微多说一些。

正反馈可以简单理解为表扬，负反馈可以简单理解为批评。表扬的数量是批评的五倍，说明表扬要多，同时不能忘记批评。

表扬得太少是管理者的通病。原因一般有两个方面：一方面是找不到表扬的地方，另一方面是不习惯表扬，或者觉得没有什么事情有必要表扬。

管理者要有一双发现"美"的眼睛。每个人在大部分时间都在用心工作，只要用心找，肯定能找到他人的闪光之处。

什么是好的反馈？好的反馈可以简单分为三个等级：初级反馈，如"好棒啊"；中级反馈，有细节；高级反馈，有实质。一个好的反馈一定是真诚的、对事情有了解的、有思考的。初级反馈等于打招呼；中级反馈能够让对方感受到被尊重，如"你刚才当众提出从头梳理一次的勇气让我钦佩"；高级反馈能够真正和对方交流，如"重新梳理一次能够更有逻辑、更能发现问题，但需要花费不少时间，要不咱们重点梳理关键环节"。

2. 长反馈：从形式到内容

即时反馈主要强调的是"即时"——接收到信息就马上给予回复，所以首先是指上面提到的"短反馈"，但也包括马上给予正式回复的"长反馈"。

长反馈的核心在于反馈，而不是探讨，因此可以保存，留待之后一次性反馈。另外，长反馈的时间也不会太长，一般为10～20分钟。长反馈流程图如图8.3所示。

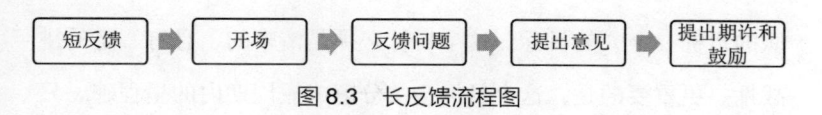

| 短反馈 | ➡ | 开场 | ➡ | 反馈问题 | ➡ | 提出意见 | ➡ | 提出期许和鼓励 |

图 8.3　长反馈流程图

首先，一般长反馈前都有一次短反馈，要么就是初步探讨，要么就是进行长反馈的准备事项和时间、参与人员等的安排。

其次，开场。如果后续负反馈较多，则可以在开场时铺垫一下。更重要的是，应在开场时说明促进团队进步、坦诚沟通、以事实为基础的原则。

再次,客观地反馈问题。可以是正反馈,也可以是负反馈,核心在于真诚。在问题反馈完之后,对方要给予简短的回复。

从次,提出自己的意见,指导对方进行改善。

最后,提出期许和鼓励。

8.3.2　有趣的反馈:游戏化带来巅峰的工作体验

8.3.1节表述的是常规的即时反馈。新一代工作者所期望的即时反馈,是一种"爽"需求。这就要求即时反馈不仅要快,而且要有趣,因此需要借鉴游戏化的设计。要想实现有趣的反馈,必须先实现有趣的工作。这里提供一个工具——游戏化工作。

实用工具:游戏化工作

在《游戏改变世界》一书中,作者简·麦戈尼格尔提出游戏化的四个特征:目标、简单的规则、反馈系统、自愿参与。

第一个特征,目标,即可以分解、可以累积的目标,包括团队的目标、个人的目标。这个目标必须是清晰的,且有一定的挑战性。更重要的是,这个目标会被分解成短周期内的里程碑。只有这样的目标才能保证有持续的反馈和刺激。

第二个特征,简单的规则。越简单的规则越有传播力,同时能够降低参与的门槛。

第三个特征,反馈系统。反馈不仅要高频、快速,还要有趣。

第四个特征，自愿参与。对玩家来说，玩不玩、跟谁玩、玩什么都是自愿选择的。所以，当你打算进行游戏化设计的时候，必须保证参与人员是自愿参与的。

简·麦戈尼格尔还提供了一个公式：

> 游戏化 = 活动本身 + 故事背景/规则 + 记分系统

活动本身：考虑游戏化的主题是影响活动，还是影响工作。

故事背景/规则：赋予主题故事一个背景，再加上简单的规则。

记分系统：提供可视化的进程和反馈。

那么，如何让工作变得有趣？如何让反馈能够满足年轻人的需求？游戏化工作这个工具提供了一些可以借鉴的方法。

我们的公式是这样的：

> 有趣的工作 = 激励产品库 + 反馈系统 + 游戏化战役

1. 激励产品库

关于激励产品库，在 8.1.2 节提到过"设计满足需求的产品库"。而这里提到的激励产品库，一方面增加了一部分游戏化的产品（如荣誉勋章体系），另一方面将反馈系统、游戏化战役与激励产品库联系起来，这样能够形成一个闭环。

2. 反馈系统

游戏中最值得借鉴的地方就是全方位的、即时的反馈系统，具体来讲有以下几点可以借鉴。

首先，建设透明的可视化的进程。每个进程都是一种反馈。如果能够做到"+1"的短周期显示就更好。这与我们平时的工作有相通之处。业绩、收款、销售漏斗等方面的数据本身就有，生产、采购、财务等方面的数据也不缺，一部分数据可以实时更新，一部分数据可以一周一更新，一部分数据可以一个月一更新，所以这一点还是有可能做到的。

其次，在职业发展初期，给予其足够的"新手指引"，找一个NPC（非玩家角色，这里指老员工）带领；在前三个月的爬坡期，降低难度，帮助他拿到成果；在后期，一点点地增加难度。

再次，时不时地增加一些有趣的事情，打破一成不变的工作状态。比如，让业务员制订一个短期的生产计划，临时安排人做一场即兴演讲。

最后，增加各种排行榜、对决赛，或者专门安排类似的活动，把氛围做足。

3. 游戏化战役

游戏化的要求很高，而且游戏本身就是一项容易让人疲劳的活动，不适合长期做，但管理者可以借鉴4.3节中的"战役"。

有时候，"战役"可以完全参照游戏化的方式来设置。举一个销售的例子。

第一个特征,目标。设置总收款目标金额为1000万元,为期一个月,拆解到每个人。

第二个特征,简单的规则。分两组对决,收款最多的一组获胜。

第三个特征,反馈系统。把办公室布置到位,设置实时战报群和可见的进度条,还可以设置收单奖、金额奖等。每天开会,每人汇报,主管反馈。

第四个特征,自愿参与。这类活动适合全体成员参与,而且大部分业务员都会自愿参与。

第 9 章　薪酬管理

薪酬管理的难点在于一"头"一"尾"："头"是指采用的薪酬策略，"尾"是指许多的具体执行细节。因为薪酬问题涉及每个人的切身利益，所以尤为敏感。如何设计、执行薪酬策略？具体的个人问题又怎么解决？这些都需要谨慎思考、处理。

薪酬是整个管理过程落地的环节，不管之前通过怎样的方式吸引人才、通过怎样的努力达成目标、通过怎样既有趣又有效的方案激励团队，最终都要通过薪酬兑现。如果公司的薪酬体系不公平、没有竞争力，那也只是一时的热闹，没有办法长久发展。

下面从如何定薪、薪酬结构设计、如何调薪三个方面结合实际执行的问题，分析薪酬管理的问题。

● 9.1　如何定薪

如何定薪是薪酬管理的第一步。首先要确定薪酬策略，然后要确定每个人的薪酬。此外，在实际执行过程中，还有一个常见的问题：薪酬要不要公开？

9.1.1 薪酬策略：比别的公司是高还是低

这天，小明跟下属小赵一起出差。在闲聊的过程中，小赵提到公司的竞争对手正拿翻倍的薪酬挖他。他虽然拒绝了，但是提到：对于同一个岗位，竞争对手的薪酬普遍比这边高30%。

小明听完就犯愁了，心想：再这样下去，人都被挖跑了，怎么办？

不仅是管理者听到这个问题会紧张，很多公司的人力资源部经理听到这个问题也会紧张。大部分公司都有薪酬策略，且多多少少都会参照外部的薪酬水平，但没有设计过自己的薪酬策略。没有自己的薪酬策略，在面对"别的公司薪酬更高"的时候，就会不知道应该怎样处理。

薪酬策略是人力资源战略在薪酬领域的落地。人力资源战略源自公司战略，根源是公司愿景，会根据当期的目标做一些微调。薪酬策略一般有四种：领先型策略、拖后型策略、跟随型策略、混合型策略。另外，还有第五种薪酬策略，那就是考虑综合薪酬的差异化策略。

（1）领先型策略：采用全面领先市场的策略，通过高于市场的薪酬吸引人才、打造雇主品牌，还可能是对恶劣工作环境的一种补偿。

（2）拖后型策略：采用全面落后市场的策略，人力成本占比较高，工作没有太多的技术含量，通过节省成本获得额外利润。

(3)跟随型策略:采用跟随市场,或者跟随竞争对手、标杆企业的策略,主要是因为新的业务方向有很大的不确定性,且没有参考标准。这是在一定时期采用的短期策略。

(4)混合型策略:根据不同的业务、人才等级,采用不同的策略。比如,整体采用拖后型策略,但对高技术人才采用领先型策略。

(5)差异化策略:主要利用非货币化的薪酬,如通过打造差异化的福利和激励产品库,从而弥补货币化薪酬的相对竞争力不足的问题。这种方式已经越来越常见了。

差异化策略又称全面薪酬策略,一般包括薪酬、福利、工作和生活的平衡、物质与精神激励、职业发展与机会。

制定薪酬策略需要考虑以下几个方面的问题。

首先,公司所处的发展阶段是成长期、成熟期还是衰退期,这决定了采用哪种薪酬策略。不同阶段的薪酬策略是不同的,对应的核心特征也是不同的。公司发展阶段与薪酬策略、核心特征的匹配关系如表9.1所示。

表9.1 公司发展阶段与薪酬策略、核心特征的匹配关系

匹配内容	公司发展阶段		
	成长期	成熟期	衰退期
薪酬策略	混合型策略或领先型策略	混合型策略+差异化策略	拖后型策略+跟随型策略
核心特征	吸引核心人才	方法丰富多样	转型新的业务

其次，公司的利润率决定了能够提供的薪酬的空间。高利润率的公司可以采用多种薪酬策略，低利润率的公司只能采用混合型策略或拖后型策略，把钱花在最高效的人身上。

再次，公司的价值是来自大部分人还是来自少部分人影响了薪酬策略。比如，某个部门决定了公司80%的业务，或者公司的两三个高管决定了公司80%的业务，在这种情况下公司必然采用有侧重点的混合型策略。

最后，管理者的领导风格也影响了薪酬策略。

9.1.2 定薪：每个人该给多少薪酬

定薪要考虑两个原则：内部公平性和外部竞争性。

（1）内部公平性：基础是岗位、能力和绩效。管理者应设计一套符合岗位、能力和绩效的薪酬体系。

（2）外部竞争性：参照市场中的薪酬水平，制定公司的薪酬策略，使其具有相对的竞争性。在制定的时候，管理者要考虑公司的薪酬应该处于市场中的哪个位置，是25分位、50分位，还是75分位、90分位。

管理者可以参考下面这个工具进行定薪。

实用工具：薪酬调研——外部竞争性

薪酬调研有几种途径：网络平台、薪酬报告、业内访谈、第三方调研机构、自行组织。

（1）网络平台：各类招聘网站中基本都有不同岗位的薪酬数据，

支付少量费用还能得到更详细的资料,这对小团队来说基本够用了。

(2)薪酬报告:有专业机构每年进行薪酬调研,并出具薪酬报告,直接付费购买就好。

(3)业内访谈:分为两种,一种是找行业内的人了解,另一种是在面试过程中了解。

(4)第三方调研机构:完全按照薪酬调研体系来执行,适合大型公司。

(5)自行组织:根据自身的需要,结合多种方式,有针对性、有计划地推进。但因为这种途径会耗费很多时间、人力,所以一般不采用。

对小团队而言,第三方调研机构和自行组织不太划算,其余途径的采用顺序是"网络平台—业内访谈—薪酬报告",而且主要采用前两种途径。

在调研的时候,一般可找三类公司作为对标对象:一是标杆企业,二是竞争对手,三是目标人才所在的公司。

结合薪酬调研结果,可得到某某行业某某岗位的薪酬水平。比如,快消品行业区域销售代表岗位的薪酬水平如表 9.2 所示。

表 9.2　快消品行业区域销售代表岗位的薪酬水平

分位	25 分位	50 分位	75 分位	90 分位
薪酬	4000 元 / 月	8000 元 / 月	12 000 元 / 月	15 000 元 / 月

注:"25 分位"表示有 25% 的公司将这个岗位的薪酬设置为 4000 元 / 月,其他同理。

做完薪酬调研,那么接下来应该如何给一个人定薪呢?需要从四个方面考虑:市场因素、岗位因素、绩效因素、个人因素。

(1)市场因素:现在的市场行情大概是多少?

(2)岗位因素:员工所在岗位的职级幅度如何?这个岗位所在部门的薪酬策略是什么?

(3)绩效因素:需要从公司目标、部门绩效、个人绩效三个方面综合考虑。

(4)个人因素:需要从个人资历、经验、能力等方面考虑,有时候还有证书、隐性资源等。

比如,小明在听了小赵的话后,尝试从以上四个方面入手给小赵重新定薪。定薪影响因素示例如表9.3所示。

表9.3 定薪影响因素示例

影响因素	时间进度	
	以前	现在
市场因素	跟公司差不多	涨薪30%
岗位因素	领先型策略+差异化策略,职级5~7级,小赵现在是6级	不变
绩效因素	公司、部门、个人都是优秀	应该有机会保持
个人因素	能力很强,资历浅一点儿	资历在逐步加深

通过分析表9.3能够发现,因为采用差异化策略,所以公司还是有竞争力的。另外,小赵的职级晋升是有1级的空间的。在此前提下,公司采用的是领先型策略,竞争对手涨薪30%,如

果公司的薪酬策略不变，那小赵的薪酬水平是否要调整？对于这个问题，一般的解决办法是将涨薪方案纳入考虑范围，设定一个观察周期，确定竞争对手的行为是长期行为还是短期行为，然后在下一次薪酬调整会中讨论确定。

9.1.3　薪酬要不要公开

以前很多公司都强调"薪酬保密"，而现在有一种观念：薪酬透明代表的是公平性。

薪酬保密是不可能的，同一个部门、同一个序列的员工，大体上都知道彼此的薪酬，有时候还会直接交流，拿出工资条对一下，看看是不是有问题。

公司为什么在薪酬公开的问题上非常谨慎？首先，公司希望大家把精力放在工作上，而不是薪酬的略微差异上，避免因一点儿差异闹得不愉快；其次，很多公司的管理体制不健全，一旦公开薪酬，则会有很多问题；最后，薪酬是公司主要的成本，很多公司不想让员工知道公司的财务数据。

那么，薪酬要不要公开呢？答案就在问题里，要公开也不要公开。也就是说，只公开一部分，其他部分不主动公开，有时候需要保密。

首先，公开薪酬制度、绩效结果、奖励与晋升情况。这是为了鼓励大家对薪酬制度提出建议，让薪酬制度进一步完善，让员工知道公司的方向是什么、自己应该朝什么方向努力。通过仪式感的活动公开绩效结果、奖励与晋升情况，可以让激励的效果放大。

其次，在相应的部门和岗位公开职业发展路径及对应的职级、薪酬级别、晋升要求等。这部分也不是不可以面向公司全体员工公开，主要是考虑到对其他部门的影响不大，他人也没有兴趣关注。

再次，每个人的具体薪酬不公开。这样做有两方面的原因：一方面，具体薪酬涉及多方面的因素，公开会徒增口舌解释；另一方面，薪酬是个人的隐私，不宜公开。

从次，涉及保密的部分，有几种情况：一是工作中涉及保密的情况，对应的薪酬也是保密的；二是在短期内为了调节或补偿薪酬的情况；三是涉及第三方的情况，以及个人要求保密的情况等。

最后，公开方式要注意。对于薪酬制度需要开会讲解，而且有时需要公示、员工签名。而对于一些激励方案不仅要讲解，还要张贴出来。这里还是看具体情况。

9.2 薪酬结构设计

不同的薪酬组成部分有不同的作用，这个比例应该如何设计？晋升的空间有限，如何让员工保持进步的动力？不同情况下发放不同的薪酬，对于激励有多大影响？

这些问题都是薪酬管理的那个"尾"，其中细节设计是关键。

9.2.1 薪酬结构：固定部分和变动部分的比例

薪酬可以简单分为固定部分和变动部分。固定部分类似会员卡，购买的是固定岗位的固定时间；变动部分类似提成，购买的是成果。一般有五种薪酬结构：固定型、保守型、合理型、挑战型、风险型。薪酬结构类型对比如表 9.4 所示。

表 9.4 薪酬结构类型对比

薪酬结构类型	固定部分	变动部分	特点	缺点
固定型	100%	0	全部固定，个人的表现对成果变化的影响不大。要么是表现不与成果挂钩，要么是能力太强，保证稳定的高质量成果	成果看个人
保守型	80%	≤20%	变动部分一般是 10%，对薪酬变动敏感，常见于基层后勤部门	缺乏激励弹性
合理型	70%	≤30%	比较常见，与成果的相关度高	容易陷入形式主义
挑战型	40%	≤60%	其工作对目标产生直接影响，一般用于业务部门、高层管理者	保障太少
风险型	0	100%	针对初级的业务岗位，一般主要针对兼职	无法管理

固定部分包括基本工资、岗位工资、工龄工资、津贴、补贴等。其中，岗位工资是指在某个岗位上才有的薪酬，如管理岗位。管理岗位工资会跟随绩效浮动。

变动部分包括绩效工资、提成、奖金、期权、分红等。

年终奖要看计算方式，如果是双薪模式的就是固定部分，如果是按照目标达成情况计算的就是变动部分。

一般的薪酬结构是这样的：基本工资＋绩效工资＋岗位工资＋奖金＋津贴＋其他。

基本工资、绩效工资、岗位工资由"岗位＋职级"决定，是薪酬中的主干部分。

奖金既可能来自项目、任务，也可能来自年度、半年度的成果奖励，还可能来自全员都有的部分，如全勤奖。

津贴既包括全员的津贴，也包括特殊部门或岗位的津贴。

其他包括一些临时性的项目。

从一般的管理角度来看，公司和员工的认知存在错位。

从公司的角度来看，如果有可能，不支出固定部分，全部都是变动部分是最好的。

从员工的角度来看，如果有可能，全部都是固定部分是最好的。

最终的选择是公司和员工相互妥协。公司和员工有一个共同的方向——达成更高的目标，最终实现双赢。因此，从商业发展的角度来看，公司和员工的认知会达成一致。

对赋能型公司来说，如果有可能，薪酬会逐步变成以固定部分为主，把变动部分让给员工。

对强能力人才来说，如果有可能，尽量多拿变动部分是最好的。

如前所述，固定部分是为岗位和时间付薪，变动部分是为成果付薪，这是从员工依附公司的角度来看的。未来，公司需要创造力，需要汇集更多的人才，那时固定部分就是为基础建设付薪，变动部分就是为创造力付薪。

小团队的优势在于灵活、有创造力。所以，对于固定部分和变动部分的比例，不用固守某一个答案，因为工作本身就是一个发展变化的过程。

9.2.2 宽带薪酬：超出现有薪酬体系的候选人，怎么招进来

小明在面试的时候，发现一个候选人小孙很优秀，但对方提出的薪酬要求超出了公司现有的薪酬体系。小孙面试的是销售代表岗位，按照他的条件，他的职级应该是6级，但他的薪酬要求是8级。8级是管理岗位，不属于管理岗位是不能享受这个待遇的。

但小孙本身就是做这个行业的，对应聘的区域特别熟悉。如果能把他招进来，团队今年的业绩就能够增长30%以上，而且能够把一直"要死不活"的区域做起来。

小明特别想招他进来，但是……

解决这个问题的一般办法是，直接按照6级定岗，将额外的薪酬划入津贴，不属于管理岗位。这么做的问题在于，下一次怎

么办？如果这种情况不断发生，薪酬体系就会有名无实，因此应该从薪酬体系上解决这个问题。

小明的团队原来的薪酬体系是传统的"同工同酬制"，一个职级对应一个薪酬等级。这样做的优点是有序、便于管理，缺点是死板、僵硬，不利于吸引人才。

怎么改呢？可以改成宽带薪酬。

实用工具：宽带薪酬

宽带薪酬强调扁平化管理和灵活性，适合快速变化的工作和行业。宽带薪酬的设计思路包括以下几个关键点。

（1）将公司的全部薪酬等级压缩到10个等级以内。

（2）一个薪酬等级对应几个职级，每个职级都有对应的薪酬范围，同一个岗位只有一个薪酬范围。

（3）一般一个薪酬范围的最大值是最小值的一倍以上。

（4）相邻两个薪酬范围重叠20%～40%，两者的均值相差会越来越大。

宽带薪酬示例如图9.1所示。

对小团队的管理者来说，借鉴宽带薪酬的思路，主要目的在于提高薪酬框架内的灵活性，尤其是解决小明遇到的这种"优秀人才的薪酬超出现有薪酬体系"的问题。

单位：元

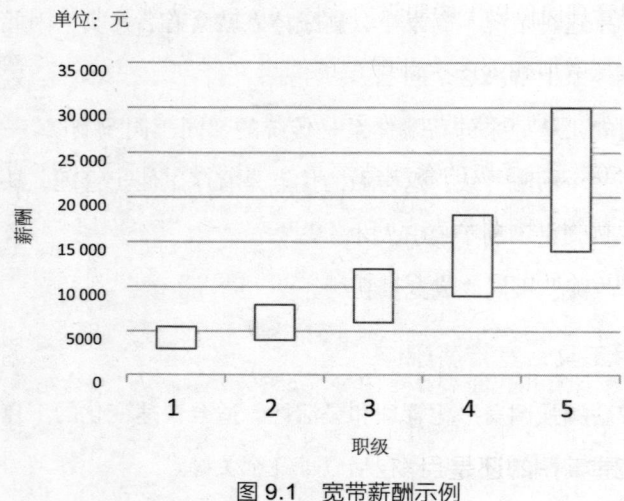

图 9.1　宽带薪酬示例

在调整之前，我们需要看看现有的薪酬体系。

首先，薪酬结构是"基本工资＋绩效工资＋岗位工资＋奖金＋津贴＋其他"。

其次，岗位对应职级，职级对应"基本工资、绩效工资、岗位工资"。

调整的思路在于增加薪酬的宽度。

首先，将职级和薪酬的对应关系调整为一个职级对应一个薪酬范围，如原来职级 5 级对应的是基本工资 5000 元、绩效工资 3000 元，可以调整为基本工资 4500～5500 元、绩效工资 2500～3500 元。

其次，可以将低等级的几个职级的薪酬合并为一个薪酬范围，如把管理岗位以下的职级的薪酬放在一个薪酬范围之内。

最后，增加相邻两个薪酬范围的重叠部分，如拉高低等级的上限，拉低高等级的下限。比如，原来2级的薪酬范围是3000~4500元，3级的薪酬范围是4500~6500元，修改后可将2级的薪酬范围调整为3000~5000元，将3级的薪酬范围调整为4000~6500元，两者重叠部分是4000~5000元。根据公式"重叠率=重叠部分金额/（高等级最大值-高等级最小值）×100%"，计算得出重叠率=1000/（6500-4000）×100%=40%。

9.2.3　是年薪制还是月薪制、周薪制

小明终于把候选人小孙招了进来。小明希望他能发挥自己的特长——激活客户、把新区域开发成功，让今年的业绩增长30%以上。所以，小明跟他谈的是年薪，总薪酬的40%能否发放要看年底的达成情况。

而候选人小孙看重的是这个平台，便同意入职。工作两个月之后，小明发现他的工作进展不大，于是找他谈谈心。

小明："小孙，近来工作还适应吗？"

小孙："明经理，还行，慢慢适应。"

小明："有没有遇到什么问题是需要我协助解决的？"

小孙："还好，没什么大问题。"

小明："那就好。区域开发的进度怎么样？"

小孙："谈了几个客户，对方还在考虑。"

小明:"小孙啊,这个进度不行啊,比我们在面试的时候聊的进度慢很多啊。还有一个月就要进行试用期考核了,你要加把劲啊。"

小孙:"明经理,我很用心在做。只是最近家里用钱比较紧张,我晚上有时候还要做兼职。可能是这个原因,导致业务的进度慢了一些。不过你放心,虽然现在谈的几个客户进度慢了点,但是我判断应该没什么问题。"

小明:"这样啊,你在薪酬上有什么问题,可以直接跟我说。我可以先考虑,到时候结合试用期的工作成果,看看转正之后怎么处理。"

小孙:"其实也没什么,整体的年薪没什么大问题,非常感谢明经理给我机会。就是有40%的薪酬是浮动的,而且到年底才发,现在每个月发的薪酬比我在原来公司的还低。希望能够调整一下。"

小明:"好的,加油做,争取这个月做出成绩,到时候调整薪酬也有底气。"

小团队的管理者大多倾向于采用年薪制,将薪酬的30%左右与工作成果挂钩,到年底才发放。这样做好不好?好,因为这样做就把用人的风险交给了员工,同时埋了一个一年才能拿到的"萝卜"。也不好,因为将工作成果放在员工身上风险太大,而且一年的周期太长——不是高管一般无法感受到这种激励的力量。

那应该怎么办？首先拆解目标，拆到每个季度、每个月，然后把激励措施和拆解后的每个阶段的目标结合起来，每完成一个目标就进行相应的激励。再留一部分目标放在年底，保证整体目标的达成。

这个方案和年薪制的差异在于：周期更短。

对于薪酬，管理者很容易疏忽发放周期。但这一点对员工来说很重要，能够让激励方案快速兑现，马上见效。例如，有一家餐厅招聘服务员，发现已经没有办法比别人给的薪酬更高了，但招人困难，此时应怎么办？餐厅把月薪制变成了周薪制，每周一发放上周的薪酬，包括固定工资、菜品酒水推荐奖金、津贴等，结果马上就招到人了。

还有一个细节，几号发薪？20号？15号？10号？5号？3号？对员工来说，如果公司是15号发薪，那他们的表述是："公司要押半个月薪酬。"

类似的细节可能将公司所有的激励措施都抵消了。

所以，我们可以得出以下三点结论。

首先，越是基层的员工，越应该短周期发放薪酬。

其次，在对非高管采用年薪制时，不要将全年的工作成果都放到年底，可以把工作拆分，同时把奖金也拆分。

最后，早一天发薪，是人性的需求。

9.3 如何调薪

年底了，小张过来问小明："公司有没有普涨薪酬的计划？"一下把小明问蒙了："不知道啊。"

小张："领导，我有没有机会加薪？"

小明："我还没看到数据，相关数据应该在这个月会出来。"

小张："如果加薪，有没有名额限制啊？有几个名额？"

小明："要看有多少人达到标准。再说，你别只盯着加薪，指不定你小子还要降薪。"

小张："领导，千万别吓我啊，我去年做得还不错啊。"

小明："哈哈哈！"

9.3.1 年度薪酬复盘：要不要普涨薪酬

每到年底，管理者都很难熬，事情一件接一件：最开始要冲刺目标，然后是发年终奖，接下来是调薪。如果目标达成了，那做这些事情还是很开心的；但如果目标没有达成，经营情况不好，那这些事情就变成了必须做的事情，管理者的压力就会非常大。而且一旦做得不到位，就会很容易让团队成员心寒。

案例中提到了一件事：普涨薪酬。

普涨薪酬的目的是什么？付薪的逻辑是什么？

普涨薪酬是福利，而且是全员福利。目的是对员工表示关怀、树立雇主品牌、吸引人才。付薪的逻辑是保持"外部竞争性"和应对通货膨胀。

看明白这件事的逻辑也就清楚了，这种方法应该是处于成熟阶段的、高毛利的大公司使用的。对小团队来说，除非是整个公司的整体决策，否则不建议采用普涨薪酬的方法。

不采用普涨薪酬的方法，但如果到年底有这笔预算怎么用？也就是说，给谁加薪？

先处理薪酬的部分。

首先，梳理一下公司的薪酬策略，看看有没有需要根据战略、目标调整的地方。

其次，了解一下市场行情，看看"外部竞争性"有没有什么变化。

再次，把薪酬标准表拿出来看看，从市场因素、岗位因素、绩效因素、个人因素四个方面梳理一遍，可以从骨干开始加薪，然后是给员工加薪。

最后，看看宽带薪酬的人员分布情况是否有需要调整的地方。

上面看的都是异常情况，把一些经过一年运转且出现的差异点调整到位。比如，一些岗位的市场薪酬已经提高，去年招进来的几个新人都比老员工的薪酬高，此时就应该把老员工的薪酬提上来。再如，有的岗位薪酬分布太集中，而绩效分布又比较分散，这也是需要调整的地方。

接下来就要处理激励的部分。

首先，兑现年度的所有激励方案，包括奖金、晋升等。另外，一定要在年底的时候进行一次人才盘点。

其次，将人才盘点的结果落实到薪酬调整上。

最后，如果预算还有余额，可以从三个方面入手进行激励：一是以奖金的方式重奖今年绩效优秀的前10%；二是增加晋升名额，为新业务拓展方向；三是制定次年重点发展方向的奖金方案。这三个方案分别对应三个方向、三个侧重点：对于今年做得好的采用发放奖金的方式，是为过去付薪；对于新的业务方向采用晋升的方式，而且重点关注绩效，是为未来的成果付薪——固定部分增加保障、变动部分增加动力；对于次年的重点发展方向采用制定奖金方案的方式，是一种可以灵活使用的"储备弹药"。

9.3.2　如何加薪和降薪

被竞争对手用高薪酬挖墙脚的小赵还是跟小明提出了加薪的要求。

小赵："明经理，做了这么久了，每次的业绩都达标了，我想申请加薪。"

小明："上次你跟我提的时候，我就跟公司打了报告。但公司的预算比较紧张。"

小赵："我能理解，但我的生活压力实在太大了，也是没办法……"

小明："小赵，你别急，听我把话说完。你还记得之前在咱们团队推行的晋升方案吗？只要达到标准就能晋升。这个月就要开始新一轮的晋升了。我上次专门给大家算了一下，你获得晋升名额了。虽然这次晋升只保持一个季度，但是接下来就到年底了，你再加把劲，争取实现年度晋升。"

小赵："那太好了，谢谢领导！"

小明："别谢我，这是你自己拿到的晋升名额。恭喜恭喜！"

加薪是一件喜事，还应注意什么时候加、给谁加的问题，但降薪就是难上加难了。先说一下常规的解决办法。

首先，从潜力和绩效入手进行人才盘点。这里可以用到第4章的工具"强制分布"。按照2∶7∶1的比例将人才分类，并放到人才盘点九宫格中：对于潜力和绩效双优的"超级明星"、潜力优秀和绩效达标的"明日之星"、潜力达标和绩效优秀的"绩效明星"给予不同程度的晋升，对于问题员工予以淘汰，对于发展能力、绩效不好的员工要求改进或降级、淘汰。

其次，通过调整岗位给予相应的"岗位工资"，从而达到增加或降低总薪酬的目的。比如，不再担任管理者，就取消管理岗位工资；不再担任技术领头人，就取消领头人岗位津贴。

最后，通过主观判断和预算确定加薪的人，但基本没有降薪的人。小团队人少，选择加薪的人选比较容易，基本上不会有太大偏差。但因为这只是管理者的主观判断，所以选择降薪的人选会缺乏信服力。因此，要么没有人降薪，要么闹得非常不愉快。

降薪的问题不是降谁的问题,而是怎么降的问题。如果做得不好的人的薪酬跟优秀的人才一样,就有失公平。具体应怎么降?一是直接降;二是平调实降——调到奖金少、津贴少、晋升机会少的部门;三是相对降——大家都升他不变。不管选择哪种方法,都需要与降薪对象进行一次真诚的访谈,可以参照绩效面谈的流程。

还有一种方法,就是案例中小明提到的"晋升方案"。8.2.2节设计了一个机制:"把职级中相对基础的部分拿出来,把晋升条件量化、明确化,只要达到标准就可以晋升。"同时,一旦没有达到标准就需要降级。在非管理岗位,将晋升的标准固定,然后采用游戏化的方式,使人员有上有下。

下面分享一个自主晋升的案例。

这是一份针对后勤部门的自主晋升方案,涉及 5 个部门、将近 25 人,以月度绩效为核心,以职级为晋升路径,采用对决赛的方式争夺晋升名额。自主晋升绩效分数与名额匹配表如表 9.5 所示。

表 9.5 自主晋升绩效分数与名额匹配表

月份	比较项	部门				
		A	B	C	D	E
1月	主管绩效分数	90 分	85 分	80 分	75 分	70 分
	系数	1.2	1	1	0.8	0.8
	是否获得名额	是	是	是	否	否

续表

月份	比较项	部门				
		A	B	C	D	E
2月	主管绩效分数	90分	85分	78分	75分	70分
	系数	1.2	1	0.8	0.8	0.8
	是否获得名额	是	是	否	否	否

该方案的说明如下。

首先，最多3个晋升名额，最少1个晋升名额：根据本月主管绩效分数的排名比较，排名第一的获得1个晋升名额；排名第二和第三的，如果系数达到1，则可以各获得1个晋升名额。

其次，获得晋升名额的部门，在部门内部进行绩效排名，第一名获得晋升。

最后，晋升的有效期为一个月，如果连续获得晋升名额，则可以累加晋升。比如，原来是职级5，第一个月获得晋升名额，晋升到6级，第二个月又获得晋升名额，晋升到7级。但如果没有获得晋升名额，则降回原职级。

这个案例只是一种思路。案例中是月度，还可以是年度等不同的周期；案例中是绩效，还可以根据部门实际情况采用不同的方式；案例中是对决抢晋升名额，还可以采用考验协作的方式。

自主晋升可以采用不同的方式，但这种游戏化的方式有一定的局限性。

首先，这种晋升是动态化的，适合规模不大的团队，对大团队来说会破坏原来的体系。

其次，这种晋升需要专门的监管，一旦放松，就容易变成轮流晋升。

9.3.3 调薪周期：多久调一次薪

这一点和发薪周期是一样的，对于激励的拉动力有非常大的影响。那么，调薪周期应该怎样设计？

目前有三个选项：年度、季度、月度。这三个都是固定的调薪周期，就是在一个固定的时间，开展薪酬盘点工作，并进行调薪。常见的是一年一次，一年两次属于频次比较高的情况。在上面的自主晋升方案里是一个月给予一次动态调薪机会。

固定的调薪周期要结合公司的薪酬策略和所属的行业来确定，主要考虑外部竞争性和人员活力。有的行业发展和变化特别快，需要人才快速迭代，这时候就要设定较短的调薪周期，可以直接把调薪周期放开到每个季度——基本跟绩效考核的周期同步。

除了固定的调薪周期，还有一个调薪机制对小团队的管理来说非常重要：临时调薪机会。在很多公司里实际上有这个机制，只是叫"例外机制"。也就是说，当遇到特殊情况时，经过总经理特批，可以调薪。但这个"例外机制"的启动和实施难度太大、流程太多。

这里说的"临时调薪机会",其核心在于偶然性、惊喜,虽然名额不多,但是能够带来超预期的效果。"临时调薪机会"不等于随意发布,这背后也是需要设计的。

首先,在每年年初的时候,设定"临时调薪机会"的次数和应用范围。比如,针对 8 级以下的员工,每年可以发布 4 次调薪机会,每次 1~2 个名额。

其次,这个机会是可用可不用的,需要达到相应的标准。比如,在"战役"中表现极其优秀的、绩效表现持续优异的、实现重大突破的、为团队做出卓越贡献但在绩效上无法完全体现的,在这些情况下可以用。

再次,这个权限在决策层手中,由管理者直接掌控。管理者根据每个人的数据和表现,直接公布和实施。

最后,这个机制可以在整个团队发布,每次晋升都要全员公布。

第10章　高效会议

开会是小明的一个痛点，直接说就是不会开会。

这天，小明召集全体成员10点开销售策略会。

10:15人才到齐，开始开会。

小明负责主持会议："大家早上好，今天我们讨论下一季度的销售策略，请大家积极发言。"

没有人说话。

小明只能接着说："那我先说说我的看法……"

半小时过去了，小明还在说。

又过去了半小时，小明从文件堆中抬头，看了看大家："刚才我说的内容已经打印好发到大家手中了，大家看看有什么问题吗？"

小明看还是没人发言，就开始点名了："小王，你是业务骨干，你先说说。"

小王："我觉得明经理的文件已经非常全面了，我没什么问题。"

小明："小赵，你是老人了，说说你的看法。"

小赵:"蛮好的,我支持。"

小明:"小孙,你是新加入的,给我们输入一点儿新鲜的经验,讲一讲你的看法。大家欢迎!"

小孙:"我原来的工作就是小打小闹,来这里才算进了大庙。刚刚光顾着学习这份文件了,写得真好。我还有一些地方需要想一想,给我一点儿时间。"

....

最后,小明的方案在一片赞赏声中通过,接下来将全面执行。

一个月之后,同样的时间,同样的地点,同样的人,召开同样的会议。

小明:"上个月,我们共同讨论确定了销售策略,经过一个月的执行,发现效果不理想。这次召开复盘会,希望大家能畅所欲言。"

....

很显然,小明是真的不会开会。很多管理者都不会开会,更多的是"安排工作""一言堂"。

在传统的印象里,要开一场高效的会议,有两个部分很重要:一是主持人,二是事前的准备。

主持人须通过一系列技巧和方法,让会议的主题能够被充分地讨论,让每个人都能表达自己的看法,进行高质量的讨论,且氛围和谐、会议进程顺利、讨论按计划推进。最后形成决议，主持人要在最快的时间将会议纪要发出来，会后监督大家按照会议的计划执行。

事前的准备是为了让进入会议室的每个人，都能够充分地了解会议的讨论事项，以保证快速进入会议状态。

这种方法是好的，但是否有效呢？现实情况是，开会总有人迟到，大部分人不会看准备的资料，主持人的水平参差不齐导致会议时间不断往后延，讨论过程经常处于争论和无人发言两个极端……

会议是工作的重要环节和场景。一场高效的会议能让项目有成果、让大家节省时间，更重要的是能节省大家的精力和心力，以便投入更多的工作中。

既然如此，怎样做才能开一场高效的会议呢？

可以参考亚马逊的开会方法，即坦诚地面对在会中将遇到的问题，通过机制解决问题，而不是寄希望于一个优秀的主持人。下面我们一起学习这种方法，学会开一场高效的会议。

● 10.1 亚马逊高效会议法

亚马逊是一家快速发展的公司，尤其重视对会议的管理。它强调少开会，并且要在会前对会议进行设计，在会中做好管理，在会后要有延续。

10.1.1 少开会：减少信息传递的会议，增加一对一面谈

亚马逊提出少开会，有以下三种操作方法。

首先，通知性的会议就别开了，要么发份文件，要么通过一对一面谈当面沟通。

其次，减少参会次数，能不参加的就不参加，没必要参加的坚决不参加，可以不参加的也不参加，参不参加影响不大的不参加，非参加不可的看看能不能不参加，能授权给他人的就授权，能只是看看会议文件和会议记录就可以的不参加。

最后，缩短会议时间，每场会议都严格控制时间，或者看看有没有可能开线上会议。

前两点尤其值得管理者反思。

第一点，怕通知不到位，怎么都要开场大会；为了节省自己的时间，明明可以一对一面谈，但也要开场会议。

第二点，不参加会议不放心，不被邀请感觉没有被重视。

如何做到少开会？方法是少召集、少参加、控时间。

10.1.2 会议设计

一场高效的会议是设计出来的，前期的准备工作尤为重要。

1. 设定会议目标：3W 法

每场会议都要有目标，亚马逊有一种"3W 法"来确定目标：任务（What）、人（Who）、时间节点（When）。简单

说就是，什么事情，哪些人参加，什么时候开始、什么时候结束。

这基本上是会议通知的主题和内容，要简洁清晰地表述。

2. 主持人也是负责人

在很多公司的会议中，尤其是高管会议，主持人是主持人，负责人是负责人，两者是分开的。主持人主要负责控制会议的进度，保证会议顺利进行。负责人是为这件事的推进负责。除了主持人和负责人，有时候还有一个额外的角色——会议记录员，专门记录会议内容。

在亚马逊，这几个角色是同一个人。谁负责这件事，谁就负责召集会议、准备会议、通知人员；谁负责这项工作，谁就是会议的主持人，同时承担会议记录的职责。

为什么这么设置？

因为只有工作的负责人才最关心这项工作的成败，才能保证将每项工作都做到最好。另外，这也是为了减少参会人员的等级和特权感，使其将精力聚焦在工作上。

3. 一页纸的资料：金字塔原理

这是在亚马逊中广为流传的一种方法。亚马逊开会没有PPT，只有Word，需要每个人把每件事用Word讲清楚。

Word有两种，一种是一页纸的，另一种是六页纸的，但大部分是一页纸的——不含附件资料，包括事件的背景、问题、对策、目标等。

一页纸举例：A城市的开发计划

部门：销售部

时间：2024年3月1日

背景：

我们在华南地区拥有较高的市场占有率，但在A城市一直开发不利。如果能够把A城市开发成功，那我们在华南地区的市场占有率将达到30%，领先第二名5个点。之前我们对于A城市的开发，以业务代表的自主开发为主，接下来希望能够集中销售部的资源，打开A城市的市场。

问题：

分析A城市的市场情况，发现针对开发不利问题有三个方面的原因。

（1）本地的经销商比较集中，前三名几乎占了60%的市场。而这些经销商跟我们的竞争对手合作多年，有深厚的感情和利益基础。

（2）竞争对手在本地设有生产厂，获得地方政府的支持。

（3）我们的品牌在市场中没有知名度，而且在大众媒体中的曝光不多，导致消费者对我们的品牌认知度不高。

对策：

针对这三个方面的原因，现考虑有三个方面的对策。

（1）与一些全国性的连锁超市、便利店合作，提高我们在终端市场的占有率。

目标：花半年时间，使产品进入A城市的三大商超及知名便利店。

（2）增加在A城市的广告投放，考虑楼宇广告、户外广告，再加上连续进行几场线下推广活动。

目标：五个月内，使品牌认知度在A城市进入前三。

（3）猎挖竞争对手在A城市的王牌业务，开发经销商业务。

目标：五个月内，签约前三家经销商的其中一家，或者签约二线经销商三家。

整体目标：

到年底，在A城市的市场占有率进入前三。

在写一页纸报告的时候，会遇到协作问题——这也是亚马逊早期遇到的问题。解决办法如下。

首先，结论先行。也就是先说结论，再进行分析，按照框架推进。这里用到的是"金字塔原理"。只要掌握这一方法，就能较好地完成商务写作。

这种方法类似小学语文老师教学生写作文用到的"总—分—总"结构。金字塔写作逻辑结构图如图10.1所示。

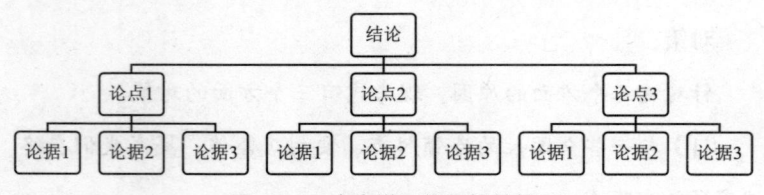

图10.1 金字塔写作逻辑结构图

在应用"金字塔原理"时,有三个原则。

(1)自下而上思考,自上而下表达。在思考的时候,从下面的论据开始,然后运用归纳的方式归类,再推导出论点,最后得出结论。在表达的时候,则是"结论先行",然后运用演绎的方式依次表达论点、论据。

(2)每个论点之间、每个论据之间都是独立的,不存在重叠部分,合起来又能完整地论证上一级的结论或论点。

(3)"金字塔原理"背后是逻辑的结构,通过归纳和演绎的方式,进行分析总结和观点传达。

其次,多用句号和短句,用简洁的语言表达之前说明的意思。

4. 最少参会人员

作为负责人,在选择邀请参会人员的时候,要问自己几个问题:哪些人跟这件事有关?哪些人需要参与讨论?如果他不参加会议,那对形成决议有没有影响?是不是只需要把会议资料和会议纪要、任务计划发给他就可以了?选择一对一面谈行不行?

人越多,会议越低效。每多一个人参加,会议的复杂度就会大大提升。所以,开会时要选择最少参会人员,拒绝将"责任相关"作为邀请标准。

10.1.3 会中管理

在发了会议通知之后，接下来就进入正式会议。亚马逊对于会中管理总结了几个关键点，也是我们可以学习的地方。

1. 开会时间：整点后 10 分钟

比如，安排在 10:10 开会，这样安排的好处是避免迟到。其原因在于，一是一般整点会容易被记住，也经常被作为日程安排的节点；二是从整点到开会，中间有 10 分钟的时间，能够看看会议的准备工作。

2. 会议原则：在会上反对，在会后只能执行决议

这个原则包括两层含义。

首先，在会上要多提有建设性的意见。如果自己有不同的意见，甚至是相反的观点，就要在会上充分表达自己的态度。在开会的时候，不需要一个从众的"点头族"。

其次，在开完会，形成决议之后，所有人要严格执行决议，不可以再说不同的看法。这一点跟一般的原则是相同的：会上吵翻天，会后别当马后炮。亚马逊会把"马后炮"的行为放到行为考核中，严格保证会上讨论和会后执行。

3. 会中前 15 分钟安静阅读

亚马逊要求在会中前 15 分钟，大家一起安静地阅读资料。所以，在亚马逊开会，最开始是非常安静的。

很明显，这种方法解决了大家不会在开会之前看资料的问题，要求专门拿出 15 分钟，大家一起花时间阅读资料、准备问题。

这看起来花了 15 分钟的时间，但实际上节省了很多环节的时间：主持人讲解资料的时间，因为不清楚背景和问题而来回解释的时间，每个人就主题思考、提出问题和观点的时间。所以相比之下，这样的安排既符合现实，也能提高效率。

4. 负责人的三项职责

负责人同时承担会议主持、会议记录的职责，在会中扮演非常重要的角色。负责人在会中的三项职责如下。

首先，调动所有参会人员。所有参会人员都是负责人邀请的，负责人邀请他们都是有目的的，对于对方在会中可能发挥的作用也有所预期。因此，负责人具有调动大家参与讨论的优势。同时，需要掌握一些技巧，通过引导、发问等方式，让大家更多地参与到讨论中来。

其次，时间管理。这一点很容易理解，也就是控制会议的进度。如果还有 5 分钟会议就要结束，但讨论还没有结束怎么办？亚马逊的要求是：最后 5 分钟收尾会议，约定下次会议的时间。这就要求负责人具备控制时间的观念。

最后，撰写会议纪要。边讨论边记录是熟练程度的问题，也是方法的问题。一方面，提前了解会议的主题、背景及相关资料；另一方面，对于会议过程做好记录，可以用电脑记录讨论的主要观点和结论，再配合数字化工具，如运用语音转文字的录音软件、对现场的过程资料拍照等。会后立即整理会议纪要并发出。

负责人在主持会议的过程中，需要通过三个技巧来控制会议的进度。

首先，当参会人员没有表达清楚自己的观点时，负责人要通过理解，把对方的观点转述出来，并与对方确认。这样做，一方面是节省时间，另一方面能够让讨论聚焦。

其次，搁置无关或暂时没有办法讨论出结论的内容。有时候，讨论会陷入细节，或者走偏，或者遇到暂时无法解决的问题，这时候负责人要主导参会人员将这个问题暂时搁置，让会议在正常的轨道上进行。

最后，当讨论特别激烈，但进展缓慢的时候，负责人要适时抽离现场，从旁观者的角度来思考，给讨论增加新的角度，或者提供突破的方法。

5. 确定衡量成败的标准

这是会议决议中必须包含的关键点。

会议的结论包括决议、行动计划、下次会议的安排三项内容。决议是指本次会议确定的方案、决策等，这是会议最重要的内容。行动计划是指接下来各自负责哪些工作，以推进任务的完成。另外，一次会议往往是事情的开始——哪怕是复盘会议也会有最后的反馈，所以还需要确定下次会议的时间、计划等。

亚马逊对会议的要求是回到任务上，从任务的角度来看本次会议的成败，要设立对应的标准和指标。

10.1.4 会后延续

在一次会议之后，还有两项关键行动：一是进度管理，二是复盘会议。只有完成最终的复盘会议，整个会议才算结束。

1. 进度管理：通过 KPI 进行管理

进度管理是指对会议的决议和行动计划进行进度控制，而 KPI 就是会议决议中"衡量成败"的指标。

进度管理的工具是 KPI，这就要求 KPI 应有阶段性、过程性。比如，这次会议讨论的是 A 城市的开发计划。会议最终形成了决议："猎挖竞争对手在 A 城市的王牌业务员。"对应的目标是："两个月内，猎挖王牌业务员两人。"其中关于猎挖人才的行动计划及 KPI，如表 10.1 所示。

表 10.1 会后 KPI 管理示例

任务	具体工作	衡量标准（KPI）	完成时间	负责人
猎挖人才	给猎头公司下达需求	2 家猎头公司	2 天内	招聘主管
	面试候选人	6 人	1 个月内	
	业务入职	2 人	2 个月内	

作为项目负责人，在跟进进度时，主要关注对应 KPI 的阶段性完成情况。如有需要，可以召开专门的进度碰头会，解决执行

过程中遇到的问题，以推进项目。

2. 复盘会议

每次会议都要复盘，可以运用第 5 章的复盘工具进行复盘。只有完成复盘才表示项目完成。

亚马逊完全将会议当作项目的推进工具，采用直面问题、解决问题的方式来提高会议的效率，这种做法非常值得我们借鉴。

● 10.2 线上会议怎么开

公司大力推进视频会议，销售部因为需要到处跑，所以成了重点执行部门，现在连早会都在线上开了。

这天一早，小明安排了一场线上会议。

计划 9:30 开会，现在 9:40 了，还有人在掉线、上线的状态中来回切换。

9:50 人终于都进来了。

小明："今天会议时间耽误太久了，下面我们开会。大家依次说一下自己的工作。"

小王："……"

小明："打断一下，小张小张，把你的麦克风关一下，你吃面的声音太大了。"

小张："好好好，不好意思。"

小明："我把大家的麦克风都关了，如有需要发言的给我留言。小王，你继续。"

小王："……"

小赵留言："明经理，帮我开一下麦克风，我要跟小王讨论点工作。"

小赵："王哥，你刚刚说的事情，我有不同的看法……"

小王："小赵，你的意思是……"

…………

小明："大家一个一个说，听不清了。"

小赵："那个客户是我负责的区域的，怎么跑到王哥你那边去了？"

小王："我没有找他，是他找的我，我不能不卖东西给他吧！"

…………

小明："这样，你们的事情，晚点我们见面了解一下情况。会议继续。"

线上会议已经是工作的常态了，它能够打破地域的限制，节约往返会议室的时间，以便管理者更快速、高效地开展会议。这是一种进步，为开会提供了更高效的方式。但是，线上会议见不到真人，而且涉及设备调整、控制，这又和面对面会议有不一样的地方。

那到底该怎么开呢？

首先，线上会议适合谈事，涉及人时最好还是在线下见面聊。这一方面是尊重对方，另一方面是现场的真实反应会让人更容易达成共识。

其次，线上适合开短会，长会适合在线下开或拆成线上短会开。在线上会议中，人对着电脑或手机，外界的各种事情让人无法专注。如果时间太长，则会议的效果会直线下降。

最后，线上适合开小会，大会适合在线下开。现在线上开的大会，基本上都是一个人或几个人讲，其他人只是围观，效果不理想。因此，涉及大范围讨论、发言的会议，一定要放到线下，然后对外直播。

下面再分享几点线上会议的执行细节。

10.2.1　整点后15分钟召开

具体是15分钟还是多久，取决于准备的时间。线上会议需要准备更多的东西，这就使会议的时间安排变得巧妙。

首先，设备调整。这是技术活，涉及的东西太多、太专业，但也是对线上会议影响最大的因素。

其次，会议流程预演。尤其当有新的加入者、切换设备、增加效果等时，一定要预演，避免出现因技术问题导致会议暂停的情况。

最后，准备备选方案。如果和参会人员连线不成功怎么办？如果网络掉线了怎么办？只有准备备选方案、应急措施，才能保证会议顺利进行。

10.2.2 开会

开会的过程有三件事很重要。

首先，要讲清楚线上会议的规则。比如，是主持人讲还是大家讨论？讨论是自己申请发言还是由主持人指定？申请发言的方式是在视频中示意还是留言？如果大家对于安排有异议怎么表达？这些规则都需要提前定下来，主持人要将其发到公告上，而且要在最开始沟通一遍，让参会人员了解并遵守。

其次，要说明整个会议的流程。比如，先做什么后做什么？先讨论什么后讨论什么？发言的顺序是怎么样的？最后的环节是怎么安排的？这些都要提前把文件发出来，同时在最开始的时候讲清楚。

最后，要确认一些展示的方式。比如，要不要演示文稿？有几个人涉及演示文稿？有没有视频、语音文件？这一部分在线上会议中很重要，一定要提前确认，安排到位。在开会的过程中，需要有人协助处理这些事。

10.2.3 会议落地

这一部分和线下会议的要求是一样的，唯一的差别在于：线上会议后续需要开很多小会来支撑行动计划的执行和项目目标的达成。所以，线上会议的决议部分还包括一份后续的会议安排计划——相关的人就相关的事开相关的会。

会议的负责人除了需要监控行动计划的执行情况，还需要监控会议安排计划的执行情况，以达到对整个项目进行控制的目的。另外，还需要对整个项目的进度进行控制，监控目标达成情况，开复盘会议。

第 11 章 制度建设

做了两年管理者，小明对于管理的工作也轻车熟路了，工作整体进展非常顺利，目标达成，团队一派和谐。小明很开心，觉得这样就挺好。

这天，小明的领导打电话给他："小明啊，这两天有没有空，来我这里喝喝茶。"

小明："好好好，我今天下午还有点事，忙完大概4点，您看方便吗？"

领导："好好好，到时候你直接过来吧。"

放下电话，小明纳闷了：领导找我有什么事啊？最近工作挺好，一没毛病，二很给力。那领导找我聊什么呢？升职吗？刚把工作和团队理顺，马上要上一个台阶了，我才不走。

那到底是什么事呢？小明带着问题走进了领导办公室。

领导："小明来了，来来来，我们去那边喝茶。是喝红茶还是喝绿茶？"

小明："领导，您有什么事，都把我整蒙了。心不定，喝什么茶都没味道。"

领导:"放心,没什么事,就是找你聊聊下一步的工作。"

小明:"我不是干得挺好的吗?目标也达成了,团队成员的劲头也蛮高,明年团队就能上一个台阶。"

领导:"别瞎担心,既不批评你,也不调你走,放心选茶吧!来个红茶吧,我记得你的胃不好,喝不了绿茶。"

小明:"那我就放心了,谢谢领导关心。"

领导:"小明啊,这两年你上来做销售部经理之后,做得不错。就像你自己说的,业绩不错、团队不错。能看出来,你费了不少心思。"

小明:"还是感谢领导的提拔和帮助。好几次遇到问题,都是您的指导,才让我找到了方法。"

领导:"来,趁热喝茶。这主要还是你自己的努力。对于现在团队的工作,你有什么计划?"

小明:"我打算把A城市开发出来,然后对各个区域进行精耕细作,把工作做细,巩固我们的市场占有率。并且希望能够和品牌部合作,合力把品牌的影响力再往上推一个台阶。"

领导:"说得很好,能看出来你在平时是有思考的。业务上的工作我就不说了,你讲得很到位了,确实需要走出自己的部门,跟品牌部这些部门一起做点事情。

"你刚才说到'精耕细作',这个词用得好,这也是我今天想找你聊的事情。你对这方面有什么更具体的想法吗?"

小明："其实我也是被问题给刺激的。虽然我们现在的市场占有率排名第一，但是能增长的空间不大了，要想增长不能只靠抓几个大客户，需要提高市场渗透率，这就需要做更细致的工作。从原来管经销商，到做终端便利店、夫妻店，靠原来的几杆枪是做不到的。如果招入更多的人，那又面临人才培养、过程控制等方面的问题。

"另外，这也符合发展的趋势。我们前几年的发展方式是粗放式增长，找人、给钱、抢客户。但接下来到了给客户提供价值、和客户共赢的阶段。

"所以，接下来需要开展制度化、标准化的工作。"

领导："小明不错啊，没想到你能想得这么深入。"

小明："但做这件事我不专业啊，不知道做不做得了。"

领导挥挥手："不要有顾虑，你们在一线，最了解实际情况，先制定一个初级的制度，保证初步的工作运转，接下来我再让专业人员协助你们。但有一点需要重点说明，制度化、标准化的工作是每个管理者必须经历的，因此一定得由你带头来做，最终的要求就是能够保证你们团队下一步精细化运作的需要。这样可以吗？"

小明："没问题，到时候有什么问题，再找领导请教。"

小明跟随我们一路走来，披荆斩棘、开山辟路。从一个小白走到一个能带团队、能拿目标、游刃有余的管理者，解决了生存问题，还存了余粮，现在面临高质量发展的问题和团队扩张的问题。这时候所需要的就是制度化、标准化的工具。

接下来，我们先聊聊部门职责和岗位职责，然后分析一下如何拟定顺畅的流程并优化流程，最后说说有关制度执行的问题。

11.1 明确职责

作为小团队的管理者，需要负责部门职责和岗位职责的拟定工作，但这有一个前提：工作已经有一段时间，对于日常开展的工作有所了解，对于本部门与其他部门的联系了然于胸，对于公司的整体发展有一定的全局观念，对于公司的发展战略认知清晰。

"部门职责说明书"和"岗位职责说明书"的编写是一项比较专业的工作，一般由人力资源部主导，或者找外部的第三方机构。小团队的管理者主要负责拟定初稿、提供资料。其中会用到专业的工具，整个过程也比较长。

这里说到的"部门职责说明书"和"岗位职责说明书"，与前面说到的公司的专业编写不同。公司编写的目的是提高整个公司的管理水平，考虑的是分工和协作、能力沉淀和复制、规模化的问题。而小团队编写的目的虽然和公司是一样的，但是因为人员少很多，而且团队成员对自身的工作已经很熟悉，所以在编写的时候首先考虑的是使用的角度，不会纠结于格式。

11.1.1 部门职责划分

"部门职责说明书"是一份内容汇总文件，主要是将与部门职责相关的工作汇总起来，有利于未来的工作交接和复制。

"部门职责说明书"的内容包括部门架构、部门职责、部门权限、核心流程、核心文件等，如表 11.1 所示。

表 11.1 部门职责说明书

部门名称		部门代码		直属上级	
上游部门		内部客户		关联部门	
部门架构	主管1人				
部门职责					
部门权限					
核心流程					
核心文件					
审核人		生效日期			

这张表的核心在于四个部分：部门架构、部门职责、部门权限、核心流程。

下面先说部门架构和核心流程。

部门架构一般是金字塔形式的,在最开始的时候,可以按照现状填进去。如果涉及未来的规划,则可以另外拟定一个未来的部门架构,将两者对比也是一个规划的好工具。

在核心流程部分,要清晰地把上下游和内外相关方都列出来。

再说部门职责和部门权限。

部门职责可以自己拟,拟好以后再去找领导确认对应的部门权限。我们的分析重点放在部门职责上。

拟定部门职责有以下四个步骤。

(1)思考部门在公司中的定位,用一句话表述。这里提供一个标准话术:"根据……,负责……,目的是……。"比如,销售部的定位是:"根据公司的战略、产品、品牌目标,负责全国各个区域、城市销售渠道的建设,目的是销售产品和制定品牌的目标。"

(2)梳理部门的职责。比如,采购部的职责是管理产品、供应商、订单等,销售部的职责是渠道管理、区域管理、产品销售、订单管理、客户服务等。

(3)将职责进一步拆分,列出关键职责。比如,销售部的渠道管理职责就可以拆分为渠道规划、渠道商开发、渠道商管理等。

(4)针对关键职责进行详细描述。

销售部职责示例(草拟部分)如表 11.2 所示。

表 11.2 销售部职责示例(草拟部分)

一级:定位	二级:职责	三级:关键职责	详细描述
根据公司的战略、产品、品牌目标,负责全国各个区域、城市销售渠道的建设,目的是销售产品和制定品牌的目标	渠道管理	渠道规划	完成区域的市场调研和分析,制定当年的渠道策略
			制定全年的渠道目标及计划,并组织实施
			配合品牌部和产品部的工作,保证年度营销策略在区域渠道商落地
		……	……
	……	……	……

11.1.2 岗位职责说明

本书的第 8 章和第 9 章都提到过岗位设计的问题,当时的角度是为业务服务,也就是说当时的策略是围绕目标来展开的。本节我们回到管理的逻辑来分析岗位职责。

岗位是公司的一个点,是传统意义上(数字化出现以前)能够被管理的最小单元。就像建房子的一块砖,只有每块砖都是标准的、合格的、质量稳定的,这栋房子才能稳固长久。"岗位职责说明书"就是一份质检报告、一份使用说明,既能保证岗位合理均衡,又能保证岗位被放置到恰当的环境中。

岗位是公司内经纬线交叉的点,自上而下的经线是部门职责,从左往右的纬线是流程。也就是说,从部门职责中拆分的一部分工作,再加上岗位中涉及的流程环节的工作,基本上就是这个岗位的职责了。在日常操作中,我们一般会直接将部门职责拆分到内部的各个岗位,因为部门职责本身就包含对应的职责和流程。但在撰写"岗位职责说明书"时,需要考虑全面。所以,需要经纬结合,同时考虑部门职责和岗位中涉及的流程。

我们先看看一份"岗位职责说明书"长什么样子:跟"部门职责说明书"很像,少了"上游部门",多了"任岗人数",少了"部门架构",多了"任职资格",如表11.3所示。

表11.3 岗位职责说明书

岗位名称		岗位代码		直属上级	
任岗人数		内部客户		关联岗位	
任职资格					
岗位职责					
岗位权限					
核心流程					
核心文件					
审核人				生效日期	

那么,"岗位职责说明书"的拟定方法有哪些呢?常用的有两种方法:一种是像部门职责一样自上而下地分析;另一种是自

下而上地搜集和归纳资料,再进行分析和整理。第一种方法就不再多说,因为在11.1.1节已经尝试过,直接照搬就可以了。重点分析第二种方法,这种方法比较适合在小团队内应用。

首先,把模板发给各个岗位的员工,让员工自行填写一份初稿。模板可以参考表11.3。如果有几个人在同一个岗位,则可以让几个人同时撰写,之后深入讨论。

其次,与各个岗位的员工进行一次访谈。管理者应围绕岗位与员工进行深入交流,并记录下来,作为分析的原始资料。鉴于小团队的管理者和员工已经非常熟悉,而且有了"岗位职责说明书"的初稿,所以访谈的目的在于深入挖掘、查漏补缺、达成共识。访谈的提纲大概是这样的,如表11.4所示。

表11.4 岗位职责访谈表

岗位		任岗人		访谈人		日期	
问题						记录	
1. 你觉得这个岗位的价值在哪里?							
2. 岗位主要的成果有哪些?							
3. 你认为这份工作对于部门职责有哪些贡献?							
4. 在上一年度,你的岗位对于部门目标的实现贡献了哪些力量?							
5. 前三项花费时间较多的工作是什么?占比是多少?							
6. 你觉得花费时间较多的工作和岗位贡献之间是什么关系?二者匹配吗?							
7. 你认为哪些工作花费时间多,实际上并没有什么价值?							

续表

岗位		任岗人		访谈人		日期	
问题						记录	
8. 本岗位和哪个部门联系最多?是什么关系?是什么工作?							
9. 本岗位的内部客户是谁?为对方提供了什么产出?有什么价值?有什么文件和流程吗?							
10. 本岗位的内部上游是谁?为对方提供了什么产出?如何衡量价值?有什么文件和流程吗?							
11. 本岗位与哪些外部有关联?有什么往来?产出是什么?有什么文件和流程吗?							
12. 你认为这个岗位要达成目标,是靠独立完成还是靠协作?							
13. 你的权限有哪些?给你哪些权限,你能做得更好?							
14. 你的主要绩效指标是什么?你怎么理解这个指标?							
15. 胜任本岗位需要哪些硬性条件(学历、经验、证书等)?需要具备哪些技能?最好能具备哪些素质?							
16. 你觉得具备哪方面的素质、能力、条件能够在本岗位做得更好?							
17. 你觉得从这个岗位晋升难不难?怎样才能晋升?							
18. 你觉得这份工作的发展方向是什么?如何才能更有价值?							
19. 你需要什么其他支持吗?							
20. 还有其他要沟通的事宜吗?							

再次,对与该岗位相关的部门和岗位进行侧面的了解,在提纲里找相关的问题就可以了。

从次,在访谈完成之后,搜集与该岗位相关的资料,包括流程、表格、管理文件、绩效指标、职业发展路径、激励制度、薪酬制度等。

最后，与所有的任岗人共同探讨，修订"岗位职责说明书"，并将相关的资料整理成附录，放在文件后面。

拟定了"部门职责说明书"和"岗位职责说明书"之后，还有最后一项工作：评估岗位的重要程度及其对成果的贡献率。对小团队来说，这两份文件主要在内部使用，因此由管理者评估即可，之后在现有的激励方案中进行匹配就好了。

11.2 顺畅的流程

自上而下构建的职责体系是骨架，流程则是公司的血液。没有骨架的公司立不起来，没有血液的公司行将就木。现代企业管理的方法主要从两个方面入手：一是以职责为基础的架构，二是横向贯穿组织的流程。因此，在建立公司的标准和制度的时候，流程是非常重要的一部分。

如何拟定流程？如何保证流程顺畅执行？如何通过流程优化提高效率？这三个问题很大，展开来讲又是一本书。因此，我们还是回到小团队管理者的角度，看看如何实操。

11.2.1 如何拟定顺畅的流程

这个问题分为三个部分：如何拟定流程、小团队应该如何拟定流程、如何保证流程顺畅执行。

1. 如何拟定流程

拟定流程的一般方法如下，总共十个步骤。

（1）确定流程框架（见图11.1）。确认流程名称、输入和成果，明确流程负责人（图11.1中未体现）。输入就是启动流程的原始动作或资料、人，成果就是整个流程完成之后最终的结果。比如，销售流程的输入是订单，成果是收款。另外，明确流程负责人是经常被忽视的工作，导致大家各管一段，没有总的负责人。比如，销售流程的负责人是销售部的负责人，采购流程的负责人是采购部的负责人。

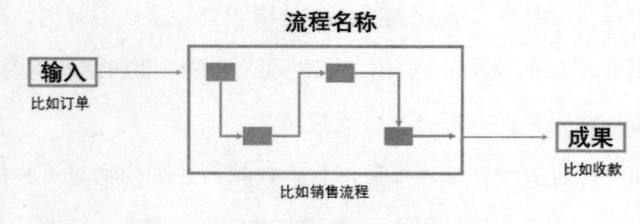

图11.1 确定流程框架

（2）画"泳道图"（见图11.2）。画一张表格，行是整个流程涉及的节点。比如，销售流程的节点有询价、下单、需求确认会等。列是整个流程涉及的角色。比如，销售流程会涉及业务员、采购专员、业务助理、财务专员。这张表格在流程图里就叫"泳道图"。

角色	节点			
	询价	下单	需求确认会	……
业务员				
采购专员				
业务助理				
财务专员				

图 11.2　画"泳道图"

（3）画"现状流转图"（见图 11.3）。首先，根据现状绘制初步的流程图。用方块表示动作，哪个角色会在哪个节点有动作，就把方块放在这个单元格中。然后，按照动作的先后顺序用箭头将方块连接起来。

角色	节点			
	询价	下单	需求确认会	……
业务员	■	■		
采购专员	■		■	→
业务助理				
财务专员				

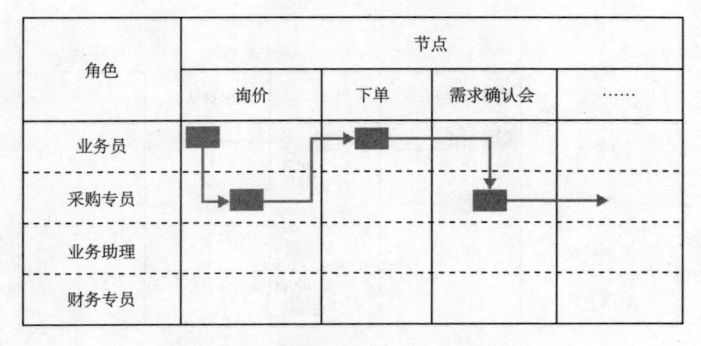

图 11.3　画"现状流转图"

（4）列明动作涉及的文件、表格等（见图11.4）。在节点处列明动作涉及的文件、表格。

角色	节点			
	询价	下单	需求确认会	……
业务员	ERP报价单 QQ询价	ERP销售订单		
采购专员			订单跟进表	
业务助理				
财务专员				

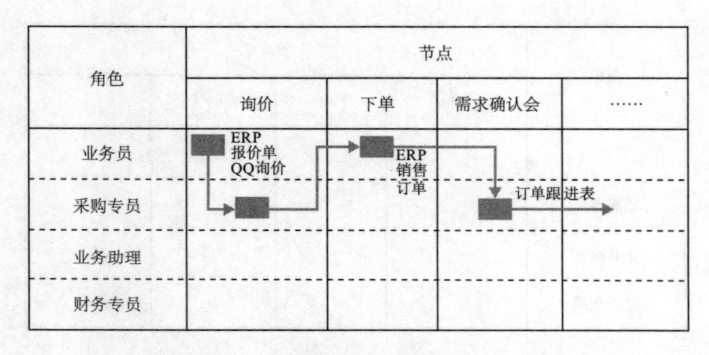

图 11.4　列明动作涉及的文件、表格等

（5）绘制辅助动作（见图11.5）。上一步是主干部分的动作，但在很多流程中还涉及更细或辅助的流程，也需要在表中标出来。这里的动作越细、越具体越好。同样要把动作涉及的文件、表格等列明。

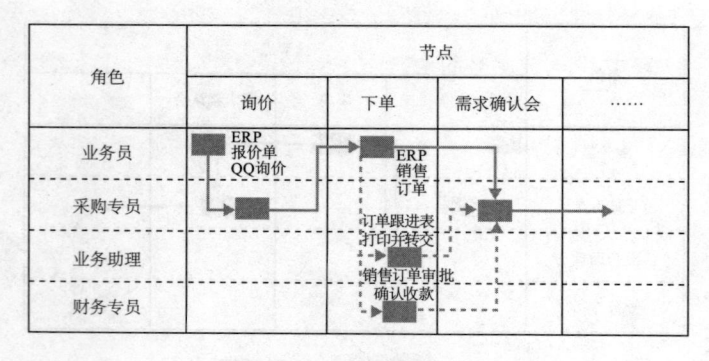

角色	节点			
	询价	下单	需求确认会	……
业务员	ERP报价单 QQ询价	ERP销售订单		
采购专员			订单跟进表 打印并转交	
业务助理			销售订单审批	
财务专员			确认收款	

图 11.5　绘制辅助动作

（6）找到关键节点（见图11.6）。经过讨论、分析，找到整个流程中关键的、影响最大的节点。比如，图11.6中标出来的关键节点是业务员下单和采购专员的需求确认会。

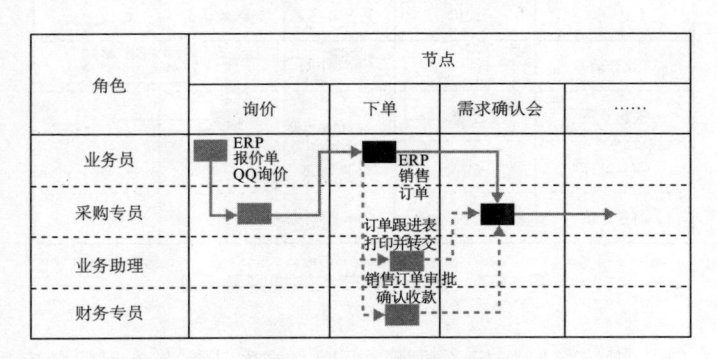

角色	节点			
	询价	下单	需求确认会	……
业务员	ERP报价单 QQ询价	ERP销售订单		
采购专员		订单跟进表打印并转交		
业务助理		销售订单审批确认收款		
财务专员				

图11.6　找到关键节点

（7）制定关键节点的规则及标准（见图11.7）。这一步比较复杂，涉及三个动作。

首先是计算流程时间，图11.7中的①表示1天、②表示2天，依次类推，加到一起就是总时间。

然后是评估这个总时间是否合理、能否再缩减、应该在哪些环节优化。

最后是制定关键节点的规则及标准，这是关键。图11.7中针对两个关键节点分别制定了对应的管理规定。

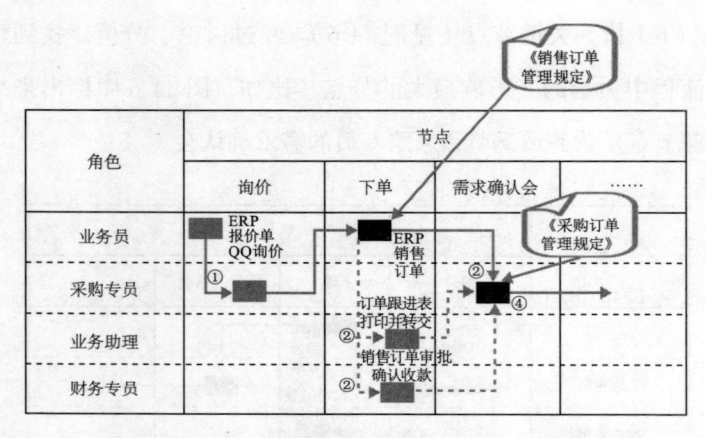

图 11.7 制定关键节点的规则及标准

（8）提炼控制指标（见图 11.8）。首先从整个流程的角度提炼控制指标（提炼的方法可以参考第 3 章），然后提炼关键节点的控制指标，最后看有没有遗漏的部分。图 11.8 中展示的是提炼关键节点的控制指标。

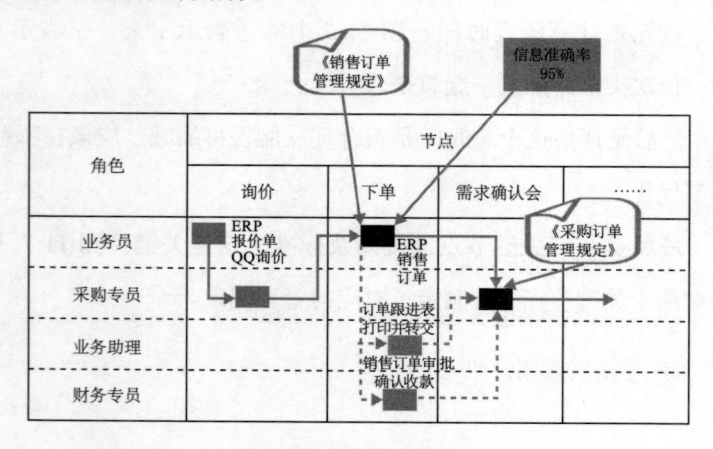

图 11.8 提炼控制指标

（9）流程对接：与其他上下游对接流程，优化整个流程（见图 11.9）。流程从来都不是一个部门的，涉及与其他部门工作的对接。拟定流程有两种方式：一种是公司统筹建设大流程；另一种是每个部门各自建设自己的流程，最后相互连接。一般采取的是前一种方式。虽然是统筹建设，但也是一段一段地做，也会存在流程对接的问题。

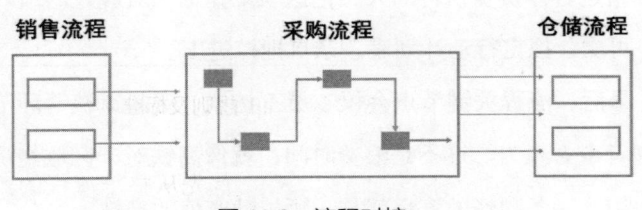

图 11.9　流程对接

而且，在拟定流程的过程中，问题发生最多的往往就在流程对接的环节：一方面要探讨如何执行的问题，另一方面要探讨如何提炼控制指标并将其加入绩效指标库的问题。

（10）整理资料。包括一张完整的流程图，一份不同角色、岗位在流程中的工作说明，一份关键节点的说明汇总文件，一份绩效指标库。

2．小团队应该如何拟定流程

虽然上面的一般方法有十步，但是其实并不复杂，小团队的管理者可以直接用。唯一的问题是：小团队的管理者是业务团队的负责人，并不是管理团队的负责人，因此在实际操作的时候需要略做调整。可以参考以下步骤拟定流程。

首先,在公司的主管会议中提出这件事,并且找到相关部门探讨,包括负责流程管理的管理部,以及流程涉及的上下游部门。前者的作用是指导工作,后者的作用是配合支持。

其次,在部门内部召开项目启动会议,按照"战役"的模式来操盘。要把大家鼓动起来,让大家积极参与,同时成立项目组,指定具体负责执行的人,把这项工作加入对应人的绩效中。

再次,拟定行动计划表,亲自把控进度。

最后,流程关键节点会议、员工访谈、资料审核等环节需要管理者亲力亲为。这不是浪费时间,就像高铁对于区域经济的拉动作用,一条顺畅的流程就是一辆拉动产值的高铁。

3. 如何保证流程顺畅执行

要想保证流程顺畅执行,做好以下几件事就可以了。

首先,管理者亲自管,只要领导重视,什么问题就都好解决。

其次,从一开始就严格要求。从拟定流程到开始执行,在整个过程中要严格要求,树立标准的制度。尤其是在刚开始执行的时候,可以加大奖惩力度。等一切走上正轨之后,再通过绩效指标管理相关部门和岗位。

再次,抓关键节点,如流程中确定的关键节点、跨部门流程的对接点、两个不同流程的对接点等,这些都要重点关注。

从次,在奖惩时,须把握的原则是:哪个环节出问题就是这个环节的责任，不往上游追查。这样能保证各个环节在接手上游流转的资料时做好检查工作。

最后，定期优化流程。当业务情况、单据等发生变化和调整的时候，流程却没有调整。而流程在长久的运转中也会积累问题，需要花时间定期优化。

11.2.2 流程的优化

流程的优化有以下三个方向。

首先，流程的优化要内部升维。原来是部门流程的，要站在公司的角度，把各个部门相关的流程统筹起来。比如，从销售订单到生产到采购到仓储再到物流，涉及的都是产品的流动，可以统筹为供应链流程，成立项目组，削减冗余流程，提高效率。

其次，流程的优化要贴近客户（业务），要贴近战略（愿景、目标）。以客户为中心要从流程的执行中实现。当流程贴近客户的时候，就是经营的原点。但流程围绕战略很少能做到。经常见到的情况是，流程是流程，战略是战略。有时候战略被流程卡住了，就重新建一条流程，绕开原来的流程。这一方面属于冗余流程，另一方面说明原有的流程需要优化。

最后，流程的优化要修正变化、解决流程积累的问题。

那么，具体如何操作呢？

首先，对于流程本来的问题，可将权限交给员工，因为他们才是实际使用者，最有切肤之痛。当然，员工也要有仪式感地去执行，管理者只需要关注进度和结果就好了。

其次，对于贴近客户和战略的问题，要管理者自己来做。

再次，对于升维的工作，要全公司来统筹。

最后，定期优化的最低限度是一年，最低标准是解决流程积累的问题，最佳方案是"战役 + 绩效 + 以员工为基础的工作组"。

11.3 制度的执行

职责、流程、制度是标准化的"三大件"。因此，我们用"制度"来收尾。

制度是什么？制度就像一份游戏规则文件。首先，制度是使用范围。大多数制度是为了解决某个问题而拟定的，其使用范围取决于这个问题的范围。其次，制度是规则。这个规则要讲明白怎么做、什么能做、什么不能做，做得好怎么样、做错了怎么样，谁是裁判、谁是玩家。最后，制度是文件，一份包含文档、表格、流程的文件。

11.3.1 如何拟定制度

制度的拟定比流程的拟定容易得多，没有十步，只有五步。

第一步，审题。为什么要拟定制度？要找到关键问题。比如，拟定《采购订单管理规定》是为了解决采购订单流转不高效、不准确的问题。其中既有速度的问题，又有质量的问题。

怎么找到这个问题呢？有三个角色可以给予帮助：一是提出这项任务的人；二是现在做与这个问题相关工作的人；三是这个问题的管理部门。比如，对于《采购订单管理规定》，可以找采购部深入了解。

第二步，调研分析，找到问题的解决方案，并与各方达成一致意见。制度的拟定也是解决问题的过程。在拟定制度之前，应去一线调研，看资料、看现场，找人探讨，召开专项讨论会议，针对问题进行开放式讨论。可以尝试用"六顶思考帽"（第3章）进行讨论和共创。

第三步，套用制度格式。一份完整的制度一般包括目的、对象/适应范围、原则、主体部分、流程、相关附件、实施日期。主体部分有时候会包括奖惩的部分。

第四步，召开可行性分析会议。在会中，需要探讨可能发生的各种情况，对制度进行修正，形成最终的文稿。会议可以包括模拟运行、按章节讨论、提出建设性建议三个阶段。

第五步，修正文字，通过审批，公布执行。

11.3.2 执行制度：培训、考核各种手段齐上阵

制度管理的难点不在于拟定，而在于执行。大部分制度的公布之日就是其被束之高阁之日。那么，如何才能保证制度的执行呢？

首先，员工要在一定程度上参与制度的拟定。可能没有办法让全体员工都参与制度的拟定，但可以广泛收集建议，邀请员工代表参与制度的讨论。这背后有三层逻辑：其一，员工是制度的直接使用者，只有他们知道什么样的制度才是合理的；其二，相比与自己不相关的制度，每个人会更愿意遵守自己参与拟定的制度；其三，通过大家的参与，让制度获得合法的地位，对员工产生约束效应。

其次，制度要有可执行的流程，且在流程的部分节点增加审批节点。拟定流程是为了给制度中规定的解决办法修一条能通行的路，告诉大家有问题了，走这条路能很快解决。而增加审批节点是把管理者的视角加入进去。

再次，制度中要有奖惩措施。如果是比较大的制度，则可以在流程节点提炼指标并进行监控，然后视情况决定是否要将这个指标加入绩效指标库，以便日后进行奖惩。

从次，在最开始执行的三个月，不接受任何修改意见，强制执行。先固化，再僵化，最后才优化。这是为了让员工养成执行的习惯。

最后，制度要定期培训、答疑、复盘。这是三个动作，最开始的时候要培训，执行一段时间之后要答疑，然后定期复盘。

11.3.3 制度数字化

数字化是解决制度标准化及执行问题的最佳办法。数字化在制度管理中的优势如下。

首先，现在有钉钉、企业微信、飞书等平台，能够非常方便地实现数字化。

其次，把制度变成流程，并通过数字化平台运转，这样员工的执行力会大幅度提高。

再次，数字化平台能把执行的整个过程数字化，能拿到过程数据并进行分析，优化并监控整个过程，使整个过程更加高效。

从次，所有的流程在一个平台中运转，使升维和流程的统筹优化变得容易。

最后，数字化能解放管理者和员工，使其用碎片化的时间处理工作，从而提高效率。

第12章　支持团队的管理

公司年底的总结会即将开始，小明正跟旁边的行政部周经理聊天。

小明："周哥，过去一年多谢支持啊。"

周经理："明哥，你太客气了，为你们业务部门服务是我们的职责。只有你们做好了，大家才好啊。"

小明："合作这么多年，你还这么年轻，真羡慕你们的工作。不像我们业务部门，压力大，你看我的头发一把一把地掉。"

周经理："各有各的苦啊。你们冲在最前面，承受最大的压力。我们做后勤服务工作，千头万绪，每个部门都是我们的'上帝'，脏活累活都是我们的。年轻什么，头发白了好多。"

小明："是吗？你们的工作多舒服啊，朝九晚五，周末双休，按部就班。哪像我们的工作，都要跟着客户走。目标没达成，被责骂；目标达成了，接着就要做增长，没完没了。"

周经理："昨天晚上你不是还打电话给我了？！还要不要我给你安排客户接待的事了？你们跟着客户走，我们跟着你们走，大家都是一样的。要不咱俩换换，你干我的活，拿我的工资。"

小明:"你饶了我吧,我这人在外面跑惯了,坐不住。家家有本难念的经,都不容易,咱们好好合作。明天的客户非常重要,千万把吃住行安排妥当,谢谢。"

周经理:"放心放心,早就安排好了。你们多做一点儿业务,这样我们到年底奖金也多一点儿。"

行政部门、财务部门、客服部门、人力资源部门、供应链部门等支持团队(部门),不像生产或销售部门,与经营成果没有直接的联系。这种间接的联系导致支持团队在管理上的特殊性。

首先,比较难感受到工作的价值和意义。支持团队的工作零零碎碎,看不到直接的成果,很容易变成机械、重复式的工作。

其次,很多工作需要与其他部门协作,尤其是与业务部门的协作,会对经营效率产生非常大的影响。在这里,支持团队的工作更像防守,虽然做好很难出彩,但是出错损失重大。

最后,很多工作会重复,甚至会在固定周期多次开展,如财务部门的工作。

所以,对于支持团队的管理,要做到稳定顺畅,避免掉入"新式官僚"的陷阱,以创造价值。接下来我们从这三个方面具体分析。

12.1 稳定顺畅：时间管理＋工作安排＋绩效考核＋制度建设

前面说到，支持团队的工作像防守——难出彩、不能错，也就意味着支持团队的首要目标是稳定顺畅。

如何做到稳定顺畅呢？

可以着重关注四种方法：时间管理、工作安排、绩效考核、制度建设。

首先，时间管理是必须考虑的问题。支持团队的工作千头万绪，既需要把工作都完成，又需要有合理的先后顺序，还需要在杂乱的工作中找到重要的工作并持续推进。这对管理者的时间管理能力提出了很高的要求。可以先运用四象限时间管理法完成工作，再通过时间记录法不断改进。

其次，只要做好工作安排就基本能够实现当下工作的稳定顺畅。可以先运用PDCA拟订计划，再运用五遍工作交代法向员工交代工作，然后建立汇报和监督机制，最后按步骤完成复盘。在这个过程中，管理者需要解决两个心态问题：一是"没必要"——工作很熟悉了、工作很简单，没必要用这些工具；二是"算了"——或者是管理者没有耐心，或者是员工觉得麻烦。管理者用不好PDCA的问题从来都不在于不"做"，而在于"不计划""不总结复盘""不改善""不行动"。要解决这"四不"，管理者需要摒弃自己和团队的"没必要""算了"心态。"坚持"在支持团队尤其重要，因为其工作没有成果、没有反馈，是一场自己战胜自己的战争。

再次，运用绩效考核的方法，积累点滴进步。绩效考核是一种运用科学方法使人获得积累和进步的工具。可以先运用QQTC模型从工作中提炼绩效指标，设定绩效工作，再运用KPI的方法考核，做好绩效面谈，给予员工正面评价和辅导。对支持团队来说，绩效考核最好按月进行——通过缩短考核周期、增加评估和反馈的频次来促进员工成长。

最后，先通过制度建设将常规工作固化，再不断优化，提高效率。支持团队的所有工作都可以实现制度化、流程化。管理者需要划分部门和岗位的职责，梳理流程，解决流程中的瓶颈，拟定制度、规范管理，通过数字化把制度和流程固化、优化。

● 12.2 如何避免掉入"新式官僚"的陷阱

在支持团队稳定顺畅地运行了一段时间之后，管理者会发现自己收到的投诉越来越多，自己需要和其他部门的同事不停地争吵。同时，自己在安排工作时也没有那么顺利了，在工作没做好时能够找到的借口越来越多了。

这就说明"新式官僚"开始滋生。

以往的"官僚"是指企业和团队做大了，管理者长期脱离实际、脱离一线，只知发号施令而不进行调查研究。

而"新式官僚"并不是说"占位置不干事"或"推卸责任",假如到了这一天,那问题已经非常严重了。在小团队中,"新式官僚"表现为团队或个人以固有职责为唯一的工作标准、不接受新的工作或对其他人的工作视而不见。比如,管订单采购的绝不管同一个供应商其他订单的验货工作,售后客服绝不参与售前客服的工作。

支持团队涉及对业务部门的支持,工作事项多,非常容易掉入"新式官僚"的陷阱,那应该如何避免呢?

首先,通过开展"战役",打破惯性。支持团队出现"新式官僚"的苗头,就是因为制度、职责、惯例多,因此需要时不时地开展"战役",打破这个惯性,让团队成员保持清醒。

其次,重新设计工作,让工作变得有趣、好玩、新鲜,并且与成果距离更近。可以通过"工作特征丰富化模型"让工作变得有趣,还可以开展轮岗,让每个人接触不同的工作,感受上下游工作,换位思考。同时,设计工作的成果评估机制,制定奖惩措施,给予员工即时反馈。

最后,营造合作的氛围、文化。彼得·德鲁克说过:"管理的本质是激发人的善意。"这里的善意包括利他、成长的力量。可以通过团队建设的方式营造氛围。在善意的氛围之下,人会更容易接受与他人的合作,也会采取更开放的心态接受新鲜的事物。

12.3 创造价值：向外走，朝着客户的方向

解决了"稳定顺畅"和"新式官僚"的问题，就算管理得不错了，接下来如何突破呢？内部的问题基本解决了，就要向外看。

首先，向外走，走出本部门。

这里有三个方向：一是与上下游部门、业务部门多走动，多看看、多听听，发现新的服务痛点、新的业务方向，事先做好安排，让服务走到一线；二是与上级部门多走动，去汇报，去沟通，去要资源、要新的工作，加深对目标、职责、公司整体情况的理解；三是与同级部门、同类部门多走动，去交流对公司业务的理解，学习对方的新方法，看看有没有机会合作，提高整体的效率。比如，采购部门多去仓库看看如何提高供应链的整体效率，财务部门多去人力资源部门交流对分公司派驻人员的管理。

其次，朝着客户的方向思考本部门的工作。与其以业务部门、生产部门为服务对象，不如以客户为中心，因为公司最终是围绕客户开展工作的。如何实现这一点呢？第一步，去客户服务现场看看，通过其他部门与客户打交道。第二步，缩短与客户的距离。比如，总部财务部门与客户之间隔着分公司财务部门、分公司销售部门两层，可以在一部分工作上直接与分公司销售部门打交道，缩短与客户的距离。第三步，找机会与客户直接联系。比如，财务部门通过收款、开票与客户直接联系。第四步，围绕客户重塑制度、流程。

第13章 研发团队的管理

在年度会议上，领导要求小明团队的销售额要在明年翻番。会后，小明找到研发部梁经理："梁经理，有没有时间聊一聊？"

梁经理："小明，你今年做得不错啊，我当然有时间。"

小明："今年你们研发的 A 产品不错，成本低、质量好，深受客户欢迎。明年多研发类似的产品，我们完成目标还是要靠你们啊。"

梁经理："A 产品是不错，新的一年争取多研发几款。"

小明："对了，B 产品怎么还没做出来？"

梁经理："B 产品的研发团队中有几个技术人员离职了，现在招人进展慢。而且这几个人基本上是 B 产品研发团队的骨干，他们走了，B 产品的研发几乎要从头来。"

小明："梁经理啊，你真不容易，好不容易把班子搞定，工作刚走上正轨，也做出了一些成绩，现在又要从头来。"

梁经理："是啊，不过这也不能怪别人，还是我的管理有问题。这次我会一劳永逸，解决所有的问题。放心，明年会给你们更多的支持，别担心。"

小明："好！听到这句话我就放心了。"

研发团队有自身的特点：首先，研发的项目成果具有不确定性，而且有一定的周期；其次，所管理的员工都是有一定知识、技能的人才，公司需要依靠这些人才收获成果；最后，研发属于知识密集型产业，知识的沉淀和迭代决定了研发的效率。

这三个特点也是研发团队管理的关键点，下面依次分析。

13.1　项目：管理好项目是研发的根本

研发工作基本上是项目制的，项目管理的效果决定了研发的投入、成果和效率。那么，应该如何做好项目管理？可以用PMP项目管理法。

实用工具：PMP项目管理法

PMP是美国项目管理协会发起的一种项目管理认证，包含关于项目管理规范化、标准化的相关内容和方法。

PMP项目管理分为五个阶段——启动、规划、执行、监控、收尾，如图13.1所示。其中，执行和监控阶段放在一起说。

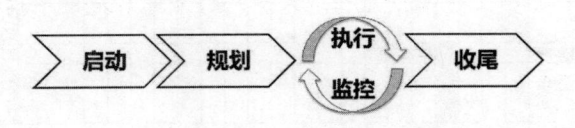

图 13.1　PMP 项目管理流程

首先是启动阶段。运用3W1H法问四个问题：为什么立项

(Why)？目标是什么(What)？由谁组成项目团队(Who)？如何立项(Who)？其中，3W 是需要思考的关键环节。

Why：找到客户的需求，而不是自己想要的。

What：用项目范围、时间、成本进行可行性分析，确定目标的执行计划、成果、方向和要达到的战略地位。

Who：用感兴趣程度和所掌握的权力来区分干系人，进行项目团队的组建。

其次是规划阶段。运用 WBS、甘特图等工具对项目进行分解、规划，输出工作分解、进度计划、风险计划、沟通计划、资源、工期、成本计划，最终形成项目计划。

WBS 是指"工作分解结构"，有两种分解方式：一种是面向阶段的分解，如前期筹备、中期执行、后期复盘等；另一种是面向结果的分解，如人员、物料、支持等。

分解之后要对任务进行排序，以确保前后衔接。最终形成一张甘特图，以推进计划。其示例如图 13.2 所示。

周	0	1						2							3			责任人	关键里程碑
开始	8-Jul	9-Jul	10-Jul	11-Jul	12-Jul	13-Jul	14-Jul	15-Jul	16-Jul	17-Jul	18-Jul	19-Jul	20-Jul	21-Jul	22-Jul	23-Jul	24-Jul	25-Jul	26-Jul		
开工会																				7月8日成立项目组
阶段 I 邀请客户																				7月11日递交邀请函给CTO及相关人员
1 递交邀请函给客户																			王五	

图 13.2　甘特图示例

之后，要对风险进行管理，以了解风险发生的概率及影响。

再次是执行和监控阶段，包括冲突管理、沟通管理、项目监控、变更管理等环节，涉及的文件有"项目会议纪要""项目状态报告""项目变更管理表"等。

其中，沟通管理是最重要的环节。在执行和监控阶段，项目经理 90% 的时间会花在沟通上。项目经理要根据沟通计划和实际情况，针对不同的干系人采用不同的沟通方式，保证在适当的时间将信息通过适当的渠道发送给适当的干系人，并确保干系人正确理解。这就是所谓的"适当三原则"。

项目监控也是非常重要的环节。有四种监控方式：过程跟踪、例行会议、阶段性交付的审核、里程碑报告。监控的重点是高风险的任务、与里程碑有关的事项的进展、使用的资源和费用、人员的表现。在监控的过程中经常遇到的问题是进度落后，解决办法是先找到在最近一段时间内影响最大的工作，再采用投入更多的人、投入更多的时间、更换效率更高的人、改进方法和工具、缩小项目范围、降低质量要求等方法改进工作。

最后是收尾阶段，包括评估与验收、项目总结、文件归档等环节，涉及的文件有"项目评估表""项目总结表"等。

其中，项目的总结要根据启动和规划阶段的各项计划、标准、目标，从进度、范围、成本、质量等方面，针对收获及成功经验、不足及改进意见等进行，并邀请各个干系人参与。

PMP 项目管理全貌如图 13.3 所示。

```
启动          规划         执行          收尾
                          监控

Why:为什么立项   WBS:工作分解    冲突管理        评估与验收

What:目标是什么  任务排序:前后衔接  沟通管理:适当三   项目总结
                              原则

Who:由谁组成项目团队  甘特图:推进计划   项目监控:监控重   文件归档
                              点及进度落后问题

How:如何立项    风险管理:概率及影响  变更管理
```

图 13.3 PMP 项目管理全貌

　　PMP 项目管理法是一整套项目管理工具，基本上包括项目管理的方方面面。对研发团队而言，项目的成败决定了研发团队的生死。采用规范的、系统的、科学的方法，能够控制风险、降低成本、提高效率。

● 13.2 人员：如何对技术人员进行管理

　　研发团队的技术人员都属于知识型员工，而且大多是年轻一代。对这类员工的管理，关键在于把握个人需求的变化。因为个人需求的不同决定了必须采用不同的管理方式。而研发的风险性和长期性，使管理工作需要过程和结果并重。这里介绍一个工具——自我决定理论，帮助管理者对技术人员进行管理。

实用工具：自我决定理论

自我决定理论是心理学中用于研究人的动机和人格的方法，是指人们喜欢控制自己的感觉，如果不是自己的选择，或者不是自己能控制的事情，那个人的动力会不足。

自我决定理论包含以下三项内容。

首先，每个人会评估自己的需求、能力的胜任程度、被支持和被认可带来的归属感。如果这三个方面能够被同时满足，则会有积极主动的行动；而如果这三个方面没有被满足，则会感觉工作不能被自己所控制，这样人的动力会被极大地削弱。

其次，工作本身带来的愉悦和满足感，会调动人的主观能动性，给人带来乐趣，让人勇于挑战、创新。

最后，每个人在不同阶段、不同情境下，对于激励措施的反应不同。有人靠自己驱动，有人靠薪酬、期限或命令的刺激，还有人会认为个人无法控制结果、一切都靠运气。

根据自我决定理论，对于年轻的知识型员工，管理的核心在于工作设计、授权和沟通。

首先是工作设计。可以参照第 8 章的"工作特征丰富化模型"进行工作设计，让工作变得有趣，更重要的是让员工在工作过程中能够有足够的参与感、责任感，让员工与成果——包括阶段性成果产生关联。这时候，员工会自动自发地去参与、担当。

其次是授权。在项目管理的大框架下，基于工作设计，给予员工足够的权限。授权的核心在于两个方面：一是明确员工的权限，二是明确管理者应该管什么、什么时候管。

大部分授权失败的原因在于没有明确员工的权限，像"都可以做"这样的话等于"都不可以做"。而权限背后对应的是资源的调动能力和给予的支持，否则授权就是一句空话。这里的支持包括资源、资金、时间。

授权的另一个问题是管理者应该管什么、什么时候管。这个问题要在一开始就说清楚。管理者要管计划、管异常、管成果，这在 PMP 项目管理法的监控阶段有明确的说明。

最后是沟通。对于知识型员工，尤其是年轻的知识型员工，在沟通时要先考虑两点：尊重专业、地位平等。管理者要放低姿态，多与对方协商、探讨，而不是下命令。

13.3　知识沉淀：每一步都是未来的基石

除了项目管理和人员管理，研发团队面临的第三个关键问题是：如何通过不断积累，推动工作长期发展，让每个人的知识、每次项目都成为以后工作的基石。而不是像梁经理那样，在面临人员离职时，要从头来做项目。另外，通过知识的沉淀，可以让每个人都能了解所开展工作的前因后果，提高效率和产出的一致性。

知识沉淀分为三个层次，由低到高分别为：保存、编写和萃取。随着团队的发展和工作的开展，要采用不同层次的方法。低层次的知识沉淀为高层次的知识沉淀打基础。

第一层，保存。在项目或工作完成之后，做好复盘工作，形成对应的文档。将项目的各项文件、表格、资料做好规范化的保存，统一收集、归档、管理，保证查询和应用。

第二层，编写。这里可以用到第 5 章的标准化工具和第 11 章的制度化方法。在第一层保存的基础上，整理与编写对应的标准、制度、流程等。

第三层，萃取。运用知识萃取的工具，通过访谈、观察、分析等方式，结合前两层的资料，从资料的概念、原理、内涵、运用场景等方面对其进行分解，最终形成一套系统的、有针对性的文件。知识萃取的工具非常专业，在使用时需要技术人员和萃取专家的相互配合。

知识沉淀的结果最终要落到数字化平台，以便发挥更大的效用。下面介绍一种知识萃取的工具——知识萃取七步骤。

实用工具：知识萃取七步骤

第一步，确定主题。确定所要萃取的知识的范围及萃取的目的、对象。

第二步，搜集信息。通过访谈、观察、问卷等方式搜集相关的文件、表格、资料，以及标准、制度、流程。

第三步，梳理框架。以搜集的信息为基础，要求专业人员共同参与，梳理出该知识的整体框架。

第四步，萃取内涵。有了框架之后，要明确对应的概念，同时萃取出其中的内涵。内涵是该知识的底层逻辑，在萃取时需要专业人员的参与和引导。

第五步，分解核心知识点。每个知识中都包含很多小的知识点，可能是操作流程，也可能是某个动作的规范化描述等，要对其中的核心知识点进行分解。

第六步，演绎应用场景。包括分析应用的场景、应用的方法、呈现的形式等。这是基于前几个步骤，发散出来的、具体的执行环节。

第七步，整理归档。

第 14 章　生产团队的管理

客户反馈最近几批产品的质量不稳定，而且经常出现交货延迟的情况，并且强调如果不解决这两个问题，那今年的销售计划要重新商定。小明一听，赶紧找生产部吴经理沟通。吴经理一见到小明，就不停地倒苦水。

吴经理："明哥，不是我们不想做好，实在是今年你们的销量增长太快。现在我们是用原来的生产线和生产工人，生产将近翻倍的产品数量，大家已经连轴转了。"

小明："怎么我们做得好，还成问题了？"

吴经理："不是这个意思。我们已经想办法了，但出效果需要时间啊。"

小明："要不咱们捋一捋，看看哪个环节有问题，我们尽力配合。"

吴经理："这样也好。你看，我们已经开始对生产工艺进行进一步的标准化，而且对人员的培训也在不断加强。但还有两件事需要你们配合。"

小明："没问题，你说。"

吴经理："首先，你们和客户确定的交期太急，导致我们的生产没有办法按计划开展。这一点需要大家一起探讨，确定一个方案。"

小明："没问题，还有什么需要配合的地方吗？"

吴经理："另外，如果你们的销量持续增长，基本稳定在这个状态，那我们就需要新增生产线和生产工人。这需要你们进行需求预测，还需要和公司总经理商量，确定一个方案。"

小明："没问题，咱们商量一下具体的安排。"

在生产管理中，一般需要解决三个层次的问题。

首先，解决日常生产的问题。这里包括三个问题：一是生产工艺流程的设计；二是生产计划的安排；三是生产现场的管理。除了新建生产线的情况，其余时候解决的主要是后两个问题。

其次，解决生产效率的问题。生产效率的提升主要通过分工来实现，要制定每个生产工艺的标准化作业指导书。

最后，解决价值提升的问题。生产的成果很容易被看见，其基础价值也容易被理解。但要想提升生产成果的价值，需要从两个方面入手：一是贴近客户，二是向上管理。对于常规意义上的贴近客户，可以从业务入手，与客户产生直接的联系。向上管理的逻辑是贴近战略，提前规划，避免内部价值链的"牛鞭效应"。

14.1 细节：从计划到现场

本节的场景是：新上任的生产团队管理者接手现有的生产线，应该如何做好日常生产的管理工作。也就是解决第一个层次的问题。

下面针对第一个层次的三个问题展开讲讲。

首先，生产工艺流程的设计。设计生产工艺流程的目的是提高生产效率、保障生产质量、降低生产成本、保障生产安全。

如果是从头开始设计生产工艺流程，则主要有三种方法：经验法、借鉴法、德尔菲法。经验法就是根据自己的经验进行设计；借鉴法就是借鉴同行的资料进行设计；德尔菲法就是请专家到现场参与讨论、给予意见和设计方案。一般来说，可将这三种方法混合使用。

如果是针对已有生产工艺流程的优化，则主要有五种方法：拆分、合并、取消、细化、调整工艺顺序。拆分是指将生产工艺进一步拆解，由原来一个环节变成几个环节；合并是指将相关的几个生产工艺合并到一个环节；取消生产工艺主要有两个原因，一是将该环节外包，二是技术升级；细化是常见的优化方法，即根据观察和生产数据，将生产工艺细化，具体到每个动作，并制定相应的标准；调整工艺顺序也是常见的优化方法。

同时，需要从人、机、料、法、环五大要素综合考虑。人是指制造产品的人员，包括人数、人选、技能、培训、积极性等；

机是指制造产品所使用的设备，包括生产设备的配备、保养、操作方法等；料是指制造产品所使用的原材料，包括型号、保质期、检验与使用规范等；法是指制造产品所使用的方法，包括方法的选择、工艺指导书的明确等；环是指产品制造过程中所处的环境，包括光线、温度、湿度、安全性、流水线各环节的匹配等。另外，还需要考虑这五大要素之间的配合。

其次，生产计划的安排。这是生产管理中常见的问题，也是一旦改善就能极大地提高效率、降低成本的环节。在这一部分，需要进行全要素的系统规划，也就是人、机、料、法、环五大要素都要规划清晰、准备充分。按照精益管理的思想，在安排生产计划时应该将每个环节的每项要素都准备到位，其中就包括生产和物流两个部分。

对小团队来说，优化生产计划的重点在于优化瓶颈环节。生产计划的执行不仅有生产团队内部的问题，还有上下游协同的问题，同样可以用瓶颈理论来解决。瓶颈理论可以帮助管理者针对流程中的瓶颈环节进行优化，从而提高效率。

实用工具：瓶颈理论

瓶颈理论也称约束理论，由以色列管理大师艾利·高德拉特提出。具体有五个实施步骤。

（1）找出瓶颈。瓶颈主要包括原料投入问题，生产资源、生产能力的配置问题，市场问题，内部和外部的制度与政策问题，比如下面这个例子（见表14.1），半成品的计划产出是100台，实际产出只有50台，导致在组装环节的供给只有50台，而不是计划的100台，致使组装环节的产出只有10台。所以，需要解决半成品的实际产出量没有达到计划产出量的问题，这就是一个瓶颈。而组装环节计划供给100台，产出20台，与实际量相差较大，同样存在一定的问题。

表 14.1 瓶颈理论示例

单位：台

比较项	半成品生产环节		组装环节	
	供给	产出	供给	产出
计划量	50	100	100	20
实际量	50	50	50	10

（2）迁就瓶颈。在该案例中，半成品生产环节极大地影响了组装环节的效率，也带来了资源和人力的浪费。可以先迁就半成品生产环节的瓶颈，解决组装环节的效率低和浪费问题。以下是四种解决办法。

① 时间缓冲，多用于小批量生产。也就是在瓶颈工序之间设置一段缓冲时间，调节生产的节奏，避免流水线的波动。在该案例中，应在半成品完成和组装开始之间设置一段缓冲时间。

② 在制品缓冲，多用于大批量生产。在该案例中，应等半成品的产出量达到一定量后，再开始组装环节的生产。

③ 在瓶颈环节前增加质检环节。在该案例中，应增加对半

成品的质检，保证进入组装环节的产品的质量。

④ 统计瓶颈环节的废品率，找出产生废品的原因并根除。

（3）挖尽瓶颈。在该案例中，应针对半成品生产环节的瓶颈，通过增加生产时间、投入更多的人员等方式，提高产出量。

（4）打破瓶颈。在该案例中，应针对半成品生产和组装环节的问题，回到生产工艺流程的设计环节，从人、机、料、法、环五大要素思考与分析，打破瓶颈的限制。

（5）回到第一步，不断优化、改进。

最后，生产现场的管理。这里主要用到两种方式：一是现场巡查，二是看板管理。现场巡查是去发现问题、了解执行的细节；看板管理则是让问题和执行的细节能够被看到。这里可以用到 5S 管理的方法。

实用工具：5S 管理

5S 管理源自日本，是指在生产现场针对人、机、料、法、环五大要素进行管理的方法。

（1）整理（Seiri）。将人、事、物进行分类，区分"要"和"不要"，现场只保留必需品。

（2）整顿（Seiton）。将必需品按照规定定位、定方法摆放整齐，并明确标识，写明相关的负责人。

（3）清扫（Seiso）。清除垃圾、脏污，每个人做好自己范围内的清扫。

（4）清洁（Seiketsu）。制度化、标准化、规范化，保持环境的清洁和人员的良好仪表及状态。

（5）素养（Shitsuke）。人人都按章办事，养成良好的习惯和作风。

14.2 执行："傻瓜式"的标准化

生产工作具有高效率、高重复等特点，尤其需要通过标准化来保证执行。第11章专门介绍了制度化、标准化的工具，但因为生产管理的具体性和细节性，所以可以用一个简化的工具来统筹——SOP（标准作业程序）。

实用工具：SOP

SOP的应用要点如下。

首先，拟定生产工艺流程。可以参考第11章流程拟定的十步骤来做。

其次，确定每个环节的执行动作，要有明确的工艺指导书，明确每个动作、行为的规范和标准。

再次，将SOP文件化、视觉化。可以将SOP落实为简单明了的文字、图片、视频等，保证一看就明白、就会做。同时，对于SOP文件要有统一的、规范的格式和模板。

最后，SOP需要符合实际情况，并结合培训等方式，保证落地。

14.3 成果：向上管理

生产的成果是很明显的，如产量、生产费用、良品率等。那么，如何获得更多的支持，以提升生产成果的价值呢？下面分别从内部的价值和向外呈现的价值两个方面分析。

首先是内部的价值，也就是生产本身的价值。在瓶颈理论中，有一个指标专门用来衡量价值：有效产出。有效产出就是产出的价值，可以简单用销售额来计算。提高有效产出的方法有四种：提高产量、提高价格、降低库存、提高合格率。这四个指标决定了生产管理的内在价值。

其次是向外呈现的价值，这是大部分管理者的短板，也就是向上管理、跨部门协同的能力。

实用工具：向上管理

向上管理是一项技术活，需要学习和训练。向上管理的技巧有以下四点。

（1）明确定位。上级和下级的评定标准、角色、发挥的作用都是不一样的，切忌用自己的专业来评价上级。只有正确地认识每个人在公司层级体系中的不同位置、作用、价值，才能明确自己的定位，从而用良好的心态来处理与上级的关系。

（2）用成果获得信任。要有成果，而且要有能够帮上级达成目标的成果，用成果获得上级的信任。这是双方关系中最坚实的基础。

（3）换位思考。上级在思考问题时，需要从更大的、更高的、公司整体目标的角度来思考。在资源有限的情况下，上级的决策要保证整体目标的达成。因此，下级要站在上级的角度思考问题，以产出更多有价值的成果。同时，每个人的管理风格、管理方式不同，下级要根据不同的上级进行自我调整。

（4）主动出击。多在上级面前出现，多汇报工作。这样做一方面是为了给双方建立信任提供机会和时间，另一方面是为了让上级了解工作进度、了解自己，从而提高工作效率。

第 15 章 销售团队的管理

小明管理的是销售团队,经常被其他部门的经理"捧杀"。比如,"你们部门就好了,既能得到老板的重视,资源又多",或者"我们为你们服务,有什么问题尽管提"。每当听到这类话时,小明都会告诫自己要冷静,销售团队获得了最多的资源和奖励,但也承受着最大的压力。担任销售部经理的这些年,自己的白头发多了很多。随着成绩越来越好,也有不少管理者找自己取经,问自己:怎样才能做一个成功的销售团队管理者?

商场如战场,销售团队如军队。如何将销售团队打造成一个"胜利之师"?关键在于三点:目标、团队、领导力。

● 15.1 目标:内容和形式、过程和结果、整体和部分

第 3 章专门讲了目标管理的一般方法,但销售团队会有自己的特殊性,具体表现为以下三点。

首先,销售团队的目标管理要"形式大于内容"。目标的实

施形式比目标本身重要。比如，今年的销售目标是1亿元，这是内容。形式是什么？形式包括通过全员目标调研、讨论确定目标，开展年度目标承诺大会，在每年的不同阶段设置不同的"战役"等。此外，形式还包括每天的早晚会、口号、报告等。管理者必须认识到这一点，找到适合自己团队的目标管理形式。

其次，销售团队的目标管理可以总结为一句话："过程做得好，结果自然差不了。"从一定程度上讲，过程比结果重要。那么，如何做好销售管理中的过程管理？可以用销售漏斗这一工具。

实用工具：销售漏斗

销售漏斗是对销售过程进行管理的工具。通过销售漏斗能够非常直观地看到在销售过程中，哪个节点是需要突破的瓶颈，哪个节点做得很好。它主要由三个部分组成。

（1）销售节点。提炼销售过程中的关键节点，自上而下依次排列，最上方为销售的第一个节点。比如，电商的曝光、点击、反馈，线下销售的获取线索、初次电话联系等。

（2）每个销售节点的数据，并将其填入对应的节点中。

（3）转化率，也就是从本节点成功转化到下一节点的比率（用下一节点的数据除以本节点的数据）。

将这三个部分填入漏斗中，就形成了一个完整的销售漏斗，如图15.1所示。

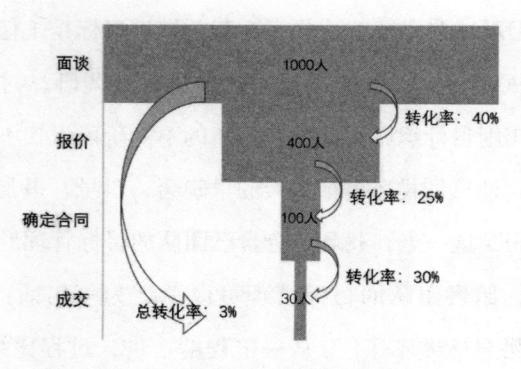

```
面谈                1000人
                              ↪ 转化率：40%
报价          400人
                          ↪ 转化率：25%
确定合同      100人
                          ↪ 转化率：30%
成交           30人
      总转化率：3%
```

图 15.1　销售漏斗示例

图 15.1 把销售过程分为四个节点：面谈、报价、确定合同、成交。根据实际的业务情况填入数据，如当月面谈 1000 人，报价 400 人，确定合同 100 人，成交 30 人。从面谈到报价的转化率为 40%，从报价到确定合同的转化率为 25%，从确定合同到成交的转化率为 30%，从面谈到成交的总转化率为 3%。

销售漏斗在销售管理的各个环节都能广泛运用。

（1）销售漏斗能够实时反映当期的销售情况，可以是团队的，也可以是个人的。可以利用销售漏斗进行对比分析，找到团队或个人需要改进的地方。

（2）可以利用销售漏斗逐步建立标准销售模型。通过长期的数据积累，可以划分合理的销售节点，以及对应的数据和转化率的标准，进而建立标杆销售员的销售模型、合格销售员的销售模型等，为销售员提供一条能力提升路径。

（3）可以根据以往的销售漏斗进行销售预测和目标拆分。利用销售漏斗，一方面可以推算可能的目标，另一方面可以拆分目标，同时找到提升的点，以解决问题。

最后，销售团队的目标管理不仅要管好整体，还要管好部分，包括每个人、每个区域、每款产品、每天/周/月。目标拆解得越细、管理得越细，实现目标的可能性就越大。这里主要有三个问题：一是做得不够细，只做大目标，不落实到个人、区域、产品；二是目标管理的周期太长，目前常见的周期是年度、季度、月度，实际上，对销售团队来说，这个周期可以更短，如每天；三是管人的尺度问题，怕管得太多干扰员工个人能力的发挥，管得太少影响最终目标的达成。其实，管人有很多种方式，如日报、早会、系统的销售漏斗、重点客户复盘等，管理者可以多加学习。

15.2 团队：优胜劣汰机制

要想做好销售团队的管理，必须花费大量的精力打造一支有战斗力、凝聚力的团队。而要想把销售团队打造为一支铁军、"狼性"团队，人是关键、团队是关键。打造优秀销售团队的要点如下。

首先，要有明确、公开的优胜劣汰机制。这个机制一定要有奖有罚，奖励做得好的，惩罚甚至淘汰做得差的。需要强调的是，这个机制必须明确、公开，让每个人都理解、明白，只有这样才能发挥效用。可以参考第8章"职级与工作自主性的结合"的方法。

其次，要有一定的离职率或淘汰率，同时要保证有新人加入，以保持良性的新陈代谢。有的团队的问题是短期进的新人太多，有的团队的问题是离职率太高，有的团队的问题是只进不出。没有新陈代谢或有剧烈新陈代谢的团队，都是不健康的。不一定要按照2：7：1的比例进行人员的强制分布（第4章），每个行业、每家公司可以有自己的标准，这个标准要定得让自己有一些难受。

最后，要有持续的团队建设。第4章和第8章介绍了团队建设的一般方法和"战役"、游戏化设置等方式，帮助管理者持续地摔打团队成员。而销售团队的建设需要更强烈的情感因素，没办法激发人心的团队建设不如不做。所以，最好的团队建设方式是"战役"，以事练人，借假修真。

● 15.3 被人追随的领导力

第4章专门分析过领导风格，也提供了"PDP领导风格测试"工具，但这对销售团队来说还不够。销售团队需要面对不断变化的市场，需要参与竞争并取得胜利，需要和不确定的风险去"搏斗"。所以，再多的方法只能提高解决确定风险的概率，对于不确定风险的解决，则属于领导力的范畴。

领导力是什么？领导力是把握组织的使命及动员员工围绕这个使命奋斗的能力，是面对不确定风险的解决办法。可以通过"领导力五个层次理论"加深对于领导力的认识。

实用工具：领导力五个层次理论

该理论由约翰·麦克斯韦尔提出，它阐述了领导力的五个层次，既表达了领导力的来源，也指出了领导力的提升之路。

第一层次，基于职位的领导力。即员工追随你是因为不得不听你的话。

第二层次，基于认同的领导力。即员工追随你是因为愿意听你的话。

第三层次，基于成果的领导力。即员工追随你是因为你对组织的贡献，也就是成果。

第四层次，基于个人发展的领导力。即员工追随你是因为你对他的付出、培养、授权。

第五层次，领导力巅峰。即员工追随你是因为你是谁及你所代表的、创造的东西。

领导力的提升是管理者的必修课，其要点包括以下四个方面，这也是领导力的特点。

首先，领导力中有天赋的部分，但一般的标准是可以培养的，每个人都能通过锻炼提升领导力。

其次，领导力的高低是动态的，不进则退，不练则废。

再次，领导力在不同的场景、不同的对象中可能处于不同的层次，可以不断提升。

最后，领导力是双赢的，领导者和被领导者最终通过达成团队的目标而达成各自的目标。

第16章 创业团队的管理

最近老有人问小明:"你怎么不创业啊?我们一起合伙创业吧!"小明也犹豫了,自己到底要不要创业呢?创业团队和销售团队的管理有什么差别呢?

老周是小明的老领导,出来创业好几年了。这天,小明约老周喝茶,想请教请教。

小明:"老领导,还是你现在好啊。"

老周:"还行还行,你最近怎么样?"

小明:"最近经常有人拉我创业,但我总觉得创业没那么简单,所以想请教一下。"

老周:"这你可就问对人了,哈哈哈……你记得我当初为什么出来创业吗?"

小明:"我只记得你当时离职很果断,且离职之后马上就启动了新的项目。"

老周:"是啊,当时我在公司做得也不错,但总觉得没有完全发挥自己的价值。所以我凭着一股冲劲儿,走上了创业这条路。你觉得我当时带销售团队的能力怎么样?"

小明:"那绝对是我的榜样啊,我现在的很多做法都是你当初教我的。"

老周："我不说特别厉害，至少还是能够控制住的。但开始创业之后，就像开车把握不住方向盘，每天都在失控的边缘。你记不记得前年有一段时间我经常找你聊天？那是我最困难的时候，整夜失眠。"

小明："我记得，当时问你，你也只是苦笑着摇头。创业不至于吧？！"

老周："创业和在公司做管理的最大区别在于两点。第一，没有平台的支持和资源；第二，每天都在花钱——花自己的钱。创业开局很难，生存很难，发展也有各种问题。每天都在考验我的内心。"

小明："有那么惨吗？我看你现在还不错啊。"

老周："最困难的时候都过去了，而且我也在磨炼中一天天变强大了。所以，我闯过来了，而且现在还不错。"

小明："既然创业这么不容易，那你后悔吗？"

老周："人嘛，这辈子总要搏一把，证明自己的存在。"

小明："你觉得我适合创业吗？"

老周："首先，要对创业有清晰的认识，别太天真、太想当然，也别好高骛远，开一家早餐店也可能是一个很好的创业项目。其次，创业都是边做边成长的，哪有什么适不适合，关键在于有多大的决心。再次，影响创业成败的因素很多，如团队、项目选择、资源支持等，需要用科学的方法来做。最后，创业就要下地去干，变成'泥腿子'，要不做不成。"

老周的话说完，小明陷入了沉思。

创业太难，难到连说管理都是一件奢侈的事。管事情吧，可能天天在变；管人吧，要看下属的脸色；管钱吧，没有；管资源吧，更没有了。难道创业团队用不上管理，完全依靠业务或研发来驱动就好了？并非如此，对创业团队来说，管理对象就是创业本身，也就是创业管理。创业管理有三个关键问题：建设团队、打造最小可行性产品、与外部关联。

16.1 建设团队

创业者须从以下两个方面入手进行创业管理。

首先，亲力亲为。在管理和领导中，有一个技巧是"以身作则"。对创业者来说，"亲力亲为"不是为了影响他人，而是为了产出成果，是为了做成事情，做团队的英雄。作为创业团队的管理者，如果连你都没有办法解决问题，那这个项目能做成的概率就很低。开餐厅就自己去解决客源的问题，做研发就自己去开发，做产品就自己去打通供应链。

很多人说，不是可以通过找合伙人来补齐能力吗？这样就不用亲力亲为了。但问题在于，你的钱是否足够支撑你找到合适的合伙人？你是否一开始就具备领导这样的牛人的能力？对大部分创业者来说，这两个问题的答案都是否定的。

其次，建设一支快速迭代的团队。可以参考以下六点。

（1）想清楚自己事业的边界，用事业来吸引人。

（2）选择志同道合的、对事业认可的、高驱动力的、高效率的人。

（3）以身作则，在方方面面、做每件事情都身先士卒。

（4）以最短的周期计划和复盘，大部分业务可以具体到每天，线上业务可以具体到每小时，甚至是实时。"最短"的意思是突破性的短周期。比如，一般是一个月完成，但你要定为每周完成。计划和复盘的内容要逐步精简、聚焦核心。

（5）快速淘汰不合适的人，严格评估、快速调整。一个不合适的人会破坏氛围，毁掉整个团队。

（6）营造接受新事物、敢于挑战、坦诚、互相分享的学习型氛围。

在这六点中，起决定作用的是（3）"以身作则"；最难做到的是（4）和（6），表现为无法执行到最短周期，只能向现有人员妥协，无法营造新的、挑战的、坦诚的、分享的氛围；最容易被忽略的是（1）（2）（5），表现为没有想清楚自己事业的边界，选人太主观，不好意思淘汰不合适的人，只能先将就着。

16.2 打造最小可行性产品

创业从哪里入手？是从全局开始规划还是从眼前的事情开始规划？《精益创业》一书提出了一种方法——打造最小可行性产品。这种方法包括两个部分：打造最小可行性产品和快速迭代。

首先，打造最小可行性产品。

实用工具：打造最小可行性产品

打造最小可行性产品是指快速把一项创意变成一件实物，以获得客户的反馈，并进行不断学习、升级、迭代的过程。

打造最小可行性产品有六个步骤，如图 16.1 所示。

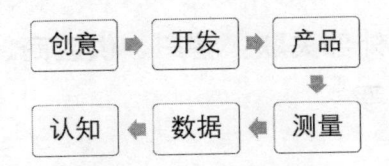

图 16.1 打造最小可行性产品的步骤

第一步，创意。想出一个很好的点子。

第二步，开发。开发最小可行性产品。

第三步，产品。推出最小可行性产品。

第四步，测量。进行客户调研，设计数据收集机制。

第五步，数据。收集客户数据并进行分析。

第六步，认知。根据客户的反馈，调整自己对项目的认知，并对产品进行升级。

举个例子，要开一家餐厅。第一步，决定开一家临街的餐厅。第二步，设计几款简单的菜式。第三步，推出菜品。第四步，调研客户及周边餐厅，设计相应的数据收集机制。第五步，收集到店客户数量、大家对菜品的评价并进行分析，得出相应的结论。第六步，确定最终的菜式选择、位置选择等，并进行调整。

其次，快速迭代。比如上面这个开餐厅的例子，对于口味和菜式的测量、数据、认知，可能在第二个客人那里就开始调整了。对于开设的地点，也需要进行多次的尝试、调整。

16.3　与外部关联：客户、供应商、同行、投资人等

创业者应该是向外的，代表公司、项目本身与外部建立联系，不管是客户、供应商，还是同行、投资人等。因为市场中的资源有限，要想在竞争中取得胜利，就需要不断从外部导入资源、获得支持。这里提供两个与外部关联的工具——邓巴数及弱连接。

实用工具：邓巴数及弱连接

英国人类学家罗宾·邓巴通过对猿猴群体内部社交的研究，

计算出人类能维系的关系人数约为150人。这被称为"邓巴数"。

弱连接由美国社会学家马克·格兰诺维特提出。在一次工作介绍的调查中，他发现通过偶尔碰面（一年一次以上，一周两次以下）或很少碰面（一年一次或更少）的人介绍工作的占比分别是55%和27%，这种关系就是典型的弱连接。

邓巴数告诉我们，每个人的精力是有限的；弱连接告诉我们，即便是很少碰面的关系也能发挥不小的作用。这提供了一种非常有效的与外部关联的方法。

首先，树立个人鲜明的标签。这个标签要用一句话表达清楚，并让人记住，在所有能表现自己的地方展示这个标签。

其次，能够给人提供价值，不管是正式的还是业余的。比如，自己的专业能力能够提供价值，个人的业余爱好也能提供价值。

再次，积极主动，抓住机会表现自己。积极主动是为了创造机会，当机会来临时要果断抓住机会，展示自己的品牌、标签、特色。

从次，适时互动。比如，顺势安排上次聊到的活动，或者发送节日的专属祝福。

最后，做一个有趣的人。

第 17 章　社群管理

随着在行业中的影响力不断提高，小明时不时会被邀请在外讲课，平时在微信上咨询的人也不少。一个朋友向小明建议建个微信群，这样交流更方便。最开始，大家在微信群里交流得很热闹，慢慢地，群里就没什么人发言了。小明有时候在微信群里说点内容，仅仅换来几个表情包，这让他有种强烈的无力感。

小明想想，要不算了，不管了。那个建议小明建微信群的朋友给他发了一条消息："你是不是真的想把社群做好？你希望通过社群得到什么？你建立社群的价值是什么？"

小明陷入了沉思。

在职场中，每个人的微信里都有数十个群，有的是工作群，有的是业余爱好群，从部门群到项目群，从参加活动的群到社区群。大部分人都做过群主（社群管理者）。社群管理者和一般的管理者一样吗？很明显，不一样。社群管理者只有破坏性的权力，却没有强制的导向权力，这导致社群管理很容易陷入两个极端：要么哄着大家——甚至放任不管，要么非常强势——不合适就踢。

因为共同的兴趣爱好或为完成同一事项，一群人聚集到一起，于是有了群。这里研究的社群，是指有现在或未来盈利导向的群，如小区的买菜群。而以兴趣爱好为动机、无盈利导向的群，如某个小区的足球群，不是这里研究的社群。

17.1 方法：像经营公司一样

社群管理和公司管理有很多相似之处，两者都是为了盈利，都是为客户提供产品或服务。我们可以对比一下秦阳、秋叶在《社群营销与运营》一书中提出来的 ISOOC 社群模型。

实用工具：ISOOC 社群模型

该模型提出，社群由五个要素构成：同好、结构、输出、运营和复制。

（1）同好（Interest）——社群成立的前提。同好是指对某种事物有共同的认可或行为。也就是为什么会聚集到一起、在一起做什么。

（2）结构（Structure）——决定社群的存活。结构包括组成成员、交流平台、加入原则和管理规范。组成成员中也有对应的结构，如管理员、活跃分子、专业人士、"潜水者"等。交流平台有微信、QQ、B 站等。加入原则是指设置一定的筛选机制。管理规范有群规、管理规定等。

（3）输出（Output）——决定社群的价值。输出包括社群管理者、其他社群成员面向社群内部的输出，以及社群面向外部的输出。

（4）运营（Operate）——决定社群的寿命。运营包括仪式感、参与感、组织感、归属感。通过"四感"的构建，保证社群的规范、质量、战斗力、凝聚力。

（5）复制（Copy）——决定社群的规模。社群运营的常见痛点为：基于同一个兴趣建一个群，尝试做社群运营，但始终无法扩大社群的规模。因为这种群缺乏复制的能力和机制，所以它只能叫"群"。

这五个要素都能够在公司管理的框架中找到对象，或者可以用公司管理的语言翻译一下。ISOOC 社群模型与公司管理的匹配如表 17.1 所示。

表 17.1　ISOOC 社群模型与公司管理的匹配

项目	要素				
	同好	结构	输出	运营	复制
公司管理	愿景、使命、价值观	组织架构、制度规范	产品或服务、任务	领导力、激励体系	发展成长

第一，同好。每个社群都应该有自己的愿景、使命、价值观。更多的时候，使命和价值观更重要，愿景会弱一些。

第二，结构。建立社群的组织架构、制度规范。一个社群有三层架构：内部的是社群管理者，中间的是其他社群成员，外部的是非社群成员。

第三，输出。输出是对客户（包括社群成员和非社群成员）进行价值传递，为客户提供产品或服务的过程。

第四,运营。包括社群管理者对内部的领导力和对外部设定的激励体系。

第五,复制。这是一种发展成长的策略,不管是社群内部的裂变,还是对客户的会员发展。

17.2 运营:活跃度是关键

社群管理和公司管理也有很多不同之处:首先,社群管理者的权力来自影响力,而公司管理者的权力基础是职位自带的权威;其次,社群的目标有很大的不确定性,需要不断地寻找、制定,而公司的目标会更清晰、明确;再次,社群的产出以无形服务为主——"卖货"实际上卖的是产品精选服务,而公司提供的多是有形的产品或服务;最后,社群给予的物质激励是很少的,大部分是精神激励,公司的激励则恰恰相反。社群管理与公司管理的差异如表17.2所示。

表 17.2 社群管理与公司管理的差异

比较项	类别	
	社群管理	公司管理
权力	来自影响力	来自职位
目标	难以找到明确的目标	目标明确
产出	无形服务	有形的产品或服务
激励	物质激励少	以物质激励为主

从以上对比中可以看出，社群管理更强调快速反馈和调整，再加上新客户的关注时间较短，因此社群的活跃度变得尤为重要。可以参照以下十点保持社群的活跃度。

（1）好故事：一个好故事自带流量。只有能打动人的故事，才能散发光芒，成为吸引凤凰的"梧桐树"，让人不自觉地深陷其中。

（2）搭班子：找到3~5个社群合伙人或管理员。

（3）找骨干：对群友进行分层，并给予分层激励，让忠实群友承担职责、发挥作用、共建社群。

（4）多动作：组织线上固定的活动，从入群的仪式到周期性的输出等；组织非周期性的活动，如主题周；找一些有趣的人，做一些有趣的事。

（5）即时反馈：常见的是给予每个人回应、红包、荣誉奖励等。即时反馈要求在最短的时间内给予对方恰当的反馈。

（6）线下见：见面可以解决信任和了解的问题，这两个问题解决了，活跃度会自然而然地提升。群友见过面的社群和群友没见过面的社群，会有质的差异。

（7）外部动力：定期引进外部人员向内输出，也就是从外部引入动力。

（8）快迭代：最长以三个月为一个周期，给群友一个新鲜的点，迭代越快越好，否则流失的、潜水的群友会远多于新加入的群友。

（9）剔除：删除不合适的群友。

（10）坚持。新鲜事物在一开始容易引发大家积极参与，难就难在坚持。社群管理者要有担当、有耐心、有激情，能投入、能放开、能坚持，只有这样才能促使大家坚持参与。

17.3 社群变现

在社群的场景中，商业逻辑并没有发生什么变化，常见的变现方式有三种：会员费、产品或服务直接销售、广告费。随着互联网的发展，又新增了两种变现方式：免费+增值服务收费、流量费。社群在变现时，要依照以下步骤逐步操作。

首先，不赚钱，纯发展群友或粉丝。

其次，赚取广告费和流量费。

再次，带货销售，有自选产品，也有代销提成产品。

从次，收取会员费，另外建一个私域池。

最后，为高阶客户提供增值服务。

很多社群在变现路上会遇到各种各样的问题，主要原因有以下五点。

第一，输出的价值不够，别人觉得不值。

第二，粉丝的质量不高，没有活跃度。

第三，提供的服务与之前输出的故事不匹配，导致变现方式与粉丝不匹配。

第四，粉丝预期管理失败，粉丝的预期是免费，付费的意愿不高。

第五，时机未到，社群需要时间来运营，社群需要变现和社群可以变现是两个概念。毕竟要粉丝产生实际的购买动作，需要非常坚实的基础，而这需要时间。

如何知道自己的社群是否达到变现的标准？这个问题不太好回答，因为根本就没有统一的变现标准。每个社群的情况不同，不同的主题、不同的故事、不同的平台、不同的时机，使社群变现的标准不同。因此，只能通过不同的方式来测试。以下列举了四种方式。

第一，每个月的广告费和流量费之和达上万元，这是变现的硬标准。

第二，推荐低价好物，测试粉丝购物的意愿和给予付费的暗示。

第三，通过在内容中投放广告，测试变现方式和产品方向，进一步了解粉丝画像。

第四，提供一对一收费咨询服务，测试高收入粉丝的付费意愿和服务定位。